Ⓢ新潮新書

中村雅之
NAKAMURA Masayuki

野村萬斎

なぜ彼は一人勝ちなのか

944

新潮社

始めに——萬斎をめぐる必然と偶然

日本人なら子どもから大人まで、その名を知っている、という意味では、能・狂言に止まらず、伝統芸能の役者の中で、野村萬斎は群を抜く存在だ。

若い頃から能・狂言の枠を軽快に乗り越え、演劇・映画・テレビと幅広く活躍し、人気を得ると同時に「芸術家」としても高い評価を得ている。

伝統芸能の世界では、名実ともに、「一人勝ち」と言っても過言ではないだろう。

では、なぜそうなったのだろうか？

その答えを求めて、この本を書き始めた。

まず第一章では、謎を解き明かす前に、萬斎の人生と共に「縦横無尽」の活躍ぶりをあらためてまとめた。

第二・三章では、萬斎を取り巻く環境に焦点を当てた。

第二章の「狂言方の強み」では、「もし、萬斎が能楽師、それも狂言方でなければ、活躍は難しかった」という仮説を立てた。その仮説に基づいて、伝統芸能の世界における能楽師の立ち位置、狂言方特有の演技術、シテ方との演技術の比較、狂言方の活動方法について記した。

第三章では、萬斎が受け継ぐ野村万蔵家の「中庸の芸風」に焦点を当てた。これによって、この家に生まれた事による優位性が浮かび上がる。

伝統芸能の世界で、名人・名優は珍しくない。

しかし天才となると、中々いない。

「天才」とは、他の人が思いもつかないような発想を持ち、それを現実のものにする才能・能力があり、分野や時代など関係なく縦横無尽に活躍する人間だ。

その意味で、萬斎は「天才」の名に相応しい。

では、この天才は、どうして生まれたのだろうか。

第四・五・六章では、この萬斎が持つ、類い稀なＤＮＡに着目した。

第四章では、「名人の血脈」として、明治初期に初世萬斎が金沢から上京した事から始まり、数多くの名人が輩出している父方の家系、第五章では「異質な血」として知的エリートで埋め尽くされる母方の家系を遡る。第六章では、萬斎が、その轍《わだち》を辿りながら歩むような父・万作の半生を振り返る。

第七章では「二つの壁」と題して、萬斎の前に「壁」として立ちはだかったかもしれない二人の人物について言及した。

一つひとつを辿って行くと、萬斎の「一人勝ち」は、幾つもの必然と僅かな偶然の積み重ねである事が見えてくる。

野村萬斎　なぜ彼は一人勝ちなのか――目次

第一章　縦横無尽

狂言サイボーグ

能の出演料において、役者の上手・下手や、人気の有無は関係無い。「人間国宝」を除けば「年功序列」が基本だ。

その点において、世間では大スターであるにもかかわらず、能楽界ではまだ中堅に位置付けられる萬斎にとって、能の公演への出演は決して割の良い話ではない。それでも萬斎は能に出演し続ける。これは、自分の本職が狂言方であり、能楽界の一員である事を強く自覚しているからに他ならない。

昭和四十一（一九六六）年、四月五日、狂言方の和泉流・野村万作に、待望の跡継ぎが生まれ、「武司」と名付けられた。後の「萬斎」だ。武司は、姉二人、妹一人に挟まれ、ただ一人の男の子として育った。

和泉流には「猿に始まり、狐に終わる」という言葉がある。「靭猿《うつぼざる》」の猿役で初めて舞台に立ち、「釣狐《つりぎつね》」の狐役で一通りの修業を終えて、一人前の狂言師としてスタートを切ることを指す。

「靭猿」は、大名が狩りの途中、毛並みの良い猿を連れた猿曳きと出会うところから始まる。大名は、猿の皮で矢を入れる「靭」を作ろうと、嫌がる猿曳きを脅して、猿を譲る事を承知させる。しかし次第に猿の愛らしさにほだされ、最後には思い止まるという粗筋だ。

武司も三歳で猿を演じた。後に「狂言サイボーグ」と自称するようになる、それほどに厳しい、いわば茨の道の始まりだった。「靭猿」は祖父・父・子と三代で共演する事も多い曲目で、武司の時も父の万作が猿曳き、祖父の六世万蔵が大名を演じた。

セリフがある曲を初めて演じたのは四歳の時で、これも習い通り「伊呂波」という曲だった。父親が子どもに「いろは四十八文字」を教えるものの、子の利発さが仇となり、騒動になるという短い曲だ。本当の父子が演じると、実際の親子関係を舞台上で見ているようで微笑ましい。舞台上で泣き出してしまう子もいるが、四歳の武司は観客と一緒になって笑っていたという。

口伝が基本

狂言の稽古は「口伝《くでん》」が基本だ。セリフ一言ひと言の発声・抑揚をオウム返しで覚え、表情やしぐさも師匠を真似る。

萬斎は、「口伝」とは、単なる形のコピーではないという。いわばインスピレーションのような形で転写するもので、なぜなら、

「人間の体型はまちまちですから、たとえ親子でも、まったくそのままコピーするというわけにはいかないのです。そこで何が重要になってくるかというと、イメージを受け取るということだと思います」（『萬斎でござる』野村萬斎、朝日新聞社）

と語っている。何度もイメージトレーニングを繰り返すようなものだというのだ。

さらに、

「私がいま大手を振って歩いていられるのも、父がしこんでくれたおかげです」というように、父のことは師匠として非常に有難い存在であったと述懐している（『狂言三人三様　野村萬斎の巻』野村萬斎・土屋恵一郎編、岩波書店）。モーツァルトの生涯を描いた映画「ア

マデウス」を観た際、父親が、まだ子どものモーツァルトに目隠しして弾かせたり、異様とも思えるほど厳しくレッスンする姿に、自分の過去を思い出したとも語っている。

まだ幼い武司にとって、狂言は「楽しいことを妨げるいやなもの」で、「稽古は強制されるものにすぎず、伝承されてきた基本の型にはめこまれる狂言を、窮屈なもの」とも感じていた。それでも稽古は続けた。師である父の無言の恐ろしさもあったが、「舞台というものがどんなに大切で恐ろしいものであるかも、よくわかっていた」からである（『萬斎でござる』）。

だが、中学に上がると変声期になり、思うように声が出なくなる。

能楽の世界では、子方《こかた》を終えてから、一人前の大人として再び舞台に立つまでの間に、変声期もあり、一定の空白期間が生じるのが常だ。「名子方」と言われても、その期間に別の道を選び、そのまま辞めてしまう事も珍しくない。武司もこの時期に迷い始め、狂言に積極的に取り組もうという気持ちにはなれないでいた。

しかし、母や姉妹が上手く父との間に立ってくれた。狂言師の跡継ぎである事を必要以上に意識することなく、色々なことを経験したのも、かえってよかったのかもしれない。高校までバスケットボールを続け、ピアノを習い、フォークギターやエレキギターを弾き、ロックバンドまで結成している。この頃は、狭い世界ではなく、「もっと広い自由な世界での表現者になりたい」と考えていて、狂言で自己表現できるとは思っていなかったという（同）。

そして十七歳の時、「翁《おきな》」の「三番叟《さんばそう》」を初めて演じた。

「翁」は、極めて特殊な曲だ。「千歳《せんざい》」という若い男と「翁」「三番叟」という二人の老人が順番に舞うだけで、物語性はない。「能」というのは、本来、物語性のある芸能の事を指す言葉のため、「翁」は「能にして能にあらず」とも言われる。「翁」はもともと「天下泰平」「国土安穏」「五穀豊穣」を祈る神事芸能で、平安時代の末頃から演じられている古い曲だ。やがて物語性のある「能」が生まれ、盛んに演じられるようになった後も、特別な曲としての地位を保ち続けた。

「三番叟」は、狂言師が演じる役で、「千歳」「翁」に続き登場し、前半の「揉《もみ》ノ段」では扇を持って舞い、後半の「鈴ノ段」では「黒式尉《こくしきじょう》」という黒い老人の面を付け、神楽鈴を振る。

かつて演者は、舞台の前の一定の間、穢れがあるとされる女性を一切近づけず、寝る部屋も食事の煮焚きも別にする「別火潔斎」をして臨んだ。今ではそれほど厳しくなくなっており、武司が初めて舞った時も、普段と違ったのは、当日の朝、父がご飯をよそってくれたことくらいだった。

しかし、大きな節目の曲であることに今も変わりはない。「三番叟」を演じ切れば、身体を完全にコントロール出来るようになった証となるからだ。

自分で選ぶ

武司が「三番叟」を演じ終えて、狂言でやって行ける自信がついた丁度その頃、大きな転機が訪れた。映画界の巨匠・黒澤明が監督する超大作時代劇「乱」への出演だ。

武司は、この映画で、すでに身に着いた狂言の基礎的な技術を応用することで、さらに創造的な演技が出来るということに気付いた。「表現者」としての道を模索していた武司に、狂言の技術が優れた武器となることを教えてくれたのだ。

さらに武司の目を開かせてくれたのは、大学受験のため自宅の本棚から取り出して読んだ一冊の本だった。文学を軸に文化・政治まで幅広く論じた評論家・加藤周一の著作集の中に「野村万蔵の藝――文化の普遍性について」という文章を見付けたのだ。

　そこには、祖父である六世万蔵の事が綴られていた。幼い頃、稽古を付けてもらった祖父は、武司が十二歳の頃に亡くなっていた。加藤の文章には、稀代のシェイクスピア役者とされたローレンス・オリビエら、二十世紀を代表する世界的名優たちと肩を並べて、祖父の名前があった。

「現在この日本国において、狂言を藝術にしているのは、野村万蔵の存在だということになる。しかしそういう意味で、他のどういう芝居が、今東京で、ほんとうに藝術になっているだろうか。もしなっていないとすれば、野村万蔵の存在は、狂言のみならず、また一般に芝居なるものを、藝術にしているとさえいえるだろう」（『加藤周一著作集　第11巻　藝術の精神史的考察1』加藤周一、平凡社）

　武司は、この加藤の言葉によって、狂言が芸術的な評価をうける表現の一つであることに気付かされた。モヤモヤとしていたものが吹っ切れたのだ。

　稽古はしていたが「狂言師になれ」と強制されたことはなく、選んだのは結局、自分自身といえる。これが出来たのは、「自由に考える余地を与えてくれた父のおかげだ」と後に振り返っている（『萬斎でござる』）。

　迷いが吹っ切れた武司は、狂言で生きる決意をして東京藝術大学音楽学部邦楽科へ進学した。邦楽科の中には、日本舞踊や箏曲などと並んで能楽専攻もある。父の万作も非常勤講師を務めていた。大学生として授業を受けるのと並行して、本格的に能楽師としての修業も始まった。車に面・装束・道具を積んで家を出て、授業の後、そのまま能楽堂へ向かう生活で、気楽な学生生活とは無縁だった。厳しい楽屋の雰囲気の中で、プロ意識を高めていった。

大学二年生、二十歳の武司は、語り物の集大成である「奈《な》須与市語《すのよいちのかたり》」に初めて挑む。能「屋島」の「屋島の浦人」の語りだ。

屋島を訪れた旅の僧の前に、かつてそこで戦った源義経の霊が現れ、その時の様子を再現してみせるが、祈りによって成仏していくというもの。『平家物語』などを基に作られた曲だ。その中で、浦人が語るのは、源平合戦の中でも、華々しい武勇伝として知られる源氏方の奈須与市の扇の的の逸話だ。弓の名手である与市は、波間に揺れる船に乗った平家方の女官が立てた扇を岸辺から見事に射抜く。これを語り手である浦人に加え、与市・義経・義経の家来である後藤兵衛実基の三役も一人で語り分けるという難しい役だ。武司はこれをやりおおせたことによって、「声が出来上がった」という自覚を持ったという。発声の技術を駆使し、声の存在感を身につけたことにより、声の操作に自信が持てたのだった（同）。

和泉流には、二百五十余りの曲がある。通常は、主催者の希望、能とのバランス、一門の中の事情、師である父の意向などもあり、必ずしも自分で演じたい曲を選べる訳ではない。武司は、芸の研鑽のため、今やらなければならないと思う曲、やりたい曲を自由に出せる会を始めようと考えた。

この頃、パルコのCMに出て顔が売れ始めていたこともあり、昭和六十二（一九八七）年から、武司個人の会として「狂言ござる乃座」を始めた。観客、演者が一体となれるようにと、会場は、若者が多く行き交う青山にあり、現代的なコンクリート打ちっ放しの建物で、玄関も大仰な感じではなく入りやすい、シテ方観世流・観世銕之丞《てつのじょう》家の銕仙《てっせん》会《かい》の能楽堂にした。

ここは定員が二百人ほどで、こぢんまりとしている。客席は段々になった畳敷きという珍しい形式だ。ライブハウスのように、演者と観客の距離感が近い。その近さゆえに選んだのだが、終演後の座談会で、狂言とは関係の無いプライベートなことを質問したり、やたらと攻撃的に感想をまくし立てる観客が出てきてしまったため、典型的な能楽堂の造りで五百人ほどが入る水道橋の宝生能楽堂に会場を移した。現在「狂言ござる乃座」は、能楽堂としては最大級の国立能楽堂に場を移し、年二回のペースで続いている。

一般的な人気が高まるに連れ、「野村萬斎の芸」ではなく「野村萬斎」を見ようという人間も増えてくる。自分が広く知られる事により、狂言を見てくれる人が少しでも増えればと願う萬斎が、今に至るまで抱え続けるジレンマだ。

狂言師の卒業論文

「狂言ござる乃座」を始めた翌年、武司は二十二歳で「釣狐」を初めて演じた。「釣狐」は、「狂言師の卒業論文」と言われる。「靫猿」から始まる一通りの修業の終着点であると同時に、一人前の狂言師へのスタート台に立ったという事でもあるのだ。

役柄は「老狐」。仲間を猟師に次々と捕まえられた狐は、猟師の伯父である僧の「白《はく》蔵主《ぞうす》」に化ける。そして猟師の家へ行き、これ以上の殺生はやめるよう意見する。意見に従い猟師は、これまで使って来た罠を捨てる。一方、狐は帰り道で、捨てられた罠についていた大好物の餌を見付け、食いつきたい衝動に駆られながらも、必死に抑え立ち去る。一方、伯父の様子を不審に思った猟師は、罠が荒らされているのを見て、狐が伯父に化けて来たことを見破り、罠を仕掛け直して待つ。そこへ、本来の姿に戻った狐が現れ、餌を突き回しているうちに、罠に掛ってしまう。狐は必死に罠を外し、逃げて行く。

演者は、狐の着ぐるみを着なくてはならず、前半はその上に僧衣をつけ、終始、中腰の姿勢で演じる。後半は僧衣を脱ぎ捨てるが、今度は四つん這いで演じる。肉体的にも、精神的にも、過酷な曲だ。この中には、「セリフ」「語り」「謡」「写実的・物まね的演技」といった狂言師の技術が凝縮されている。無いのは「舞」の要素くらいだ。

父の万作は、この曲に固執していると言っても過言ではないほど、何度も演じ、高い評価を得ている。この曲が世間に広く知られるようになったのは、万作によって、と言って良いだろう。武司は演じ終えたものの、自身が満足できる出来ではなかった。「大曲」といわれる所以も、父が固執する気持ちも身にしみて解ったし、「さらなる階段をよじ登っていかなくてはいけない苦しさ」を感じるようにもなっていた（『萬斎でござる』）。

二十五歳の時には「金岡《かなおか》」のシテ（主役）を初めて演じたが、これは「釣狐」とは違った意味で難しい曲だった。「巨勢金岡《こせの》」という名高い老絵師が、若い御殿女中に恋狂いするという曲で、技術だけでは通用せず、人生経験が伴わなければならない。まだ二十五歳の武司には老人の気持ちなど解るはずもない。「歯が立たねえなあ」というのが、当時の偽らざる気持ちだった（同）。

イギリス留学

平成六（一九九四）年、武司は演劇を学ぶため、文化庁の「芸術家在外研修員」として、一年間、イギリスへ留学することになった。

留学するに当たり、父の万作から、曾祖父の五世万造の隠居名「萬斎」を襲名してから行くよう言われた。二世萬斎という事になる。本人は留学から帰って来てからと思っていたが、父は行く前の襲名を望んだ。責任感を持って留学に臨めるようにという考えだった。

ところが「萬斎」襲名が伝わると、能楽界を揺るがす大騒ぎになった。襲名には、万蔵家の当主である伯父の万蔵（後の初世萬）の承諾が必要だった。ところが万蔵と万作の間で、承諾の有無を巡って食い違いが生じたのだ。

万作は初世萬斎については「狂言というものの伝統を今日に伝えるという点で、橋渡し役として非常に功績があった」と評価していた（『太郎冠者を生きる』野村万作、白水社）。「萬斎」の名跡を継がせたのは、曾祖父のように新しい時代を切り拓いて行って欲しいという思いを込めたのだろう。

武司自身、「萬斎」という名前にアーティスティックな響きを感じていた。一代限りで五十年以上使われていない名跡だったから、襲名といっても余計な気負いもなかった。「ゼロから自分で大きくしていくことができるだろう」と考えたのだ（『萬斎でござる』）。

三月に取り敢えず襲名だけ済ませてイギリスへ渡り、翌平成七（一九九五）年に帰国すると、十月からあらためて国立能楽堂で披露公演を行った。公演は四日間にわたり、初日は得意なダンス的な要素が強いもので、身体がきくところを見せるため「三番叟」を舞った。だが、留学で舞台から遠ざかっていた結果、身体は忘れていないけれど、舞台の空気のようなものを忘れていると感じたという。

さらに翌年、「狂言師の修士論文」と言われる「花子《はなご》」のシテを初めて演じた。役柄は「夫」。旅先で馴染みになった遊女が、都まで追いかけて来て、宿からしきりに手紙を寄こすが、妻の目があるので会いに行けない。そこで、一晩、持仏堂に籠り座禅をするふりをして、抜け出して遊女に会いに行く。その間身代わりとして、従者の太郎冠者に座禅用の夜具を掛けて籠らせる。ところが、心配して様子を見に来た妻にばれてしまうといった粗筋だ。卑俗さを感じさせないよう、謡と舞を交え、品良く見せなければならない。

「花子」を演じ終えた萬斎は、技術のハードルが高いというよりも、曲の格の高さを感じた。と同時に、習得に関してはある程度区切りがつき、今後は身につけたものに磨きをかけていく段階になったとも感じた。

これ以降、萬斎は狂言の世界で、それまで誰もやらなかったことに挑戦し始める。

新作の演出

「狂言なり自分なりに興味を持ってもらって、能楽堂に来るようになってほしいんです。狂言を長く観てくれる人がいない限り、私の存在は意味がなくなってしまうので、どうサービスしても、長く観てくれる一つの観客集団を作って、その人たちに狂言に親しんでもらわないと困るんです」「私自身が狂言をやると決めたときには、狂言と現代との世代間分裂をどうやって埋めるのかということが第一目標でした。単純にいうと、新しい顧客層を開拓しなければいけない」(『狂言三人三様 野村萬斎の巻』)

こう語った萬斎は、イギリスへ渡る前の平成六（一九九四）年四月、新宿駅近くにある劇場「スペース・ゼロ」を使い「新宿狂言」を始めた。劇場では、能楽堂と違う演出方法で狂言を見てもらうべきだという考えを実践するための第一歩だった。

この時は、明治時代以降に作られた、いわゆる「新作狂言」の中で、定着している数少ない曲の一つ、「彦市ばなし」を上演した。昭和三十（一九五五）年に、鬼才・武智鉄二の演出で、万作が初演した曲でもある。万作はその後も繰り返し演じており、「万作の曲」と言っても良いほどだった。熊本に伝わる民話を基に、地元出身で「夕鶴」で知られる劇作家・木下順二が作った曲で、機知に富む彦市が縦横無尽に動き回り、殿様や天狗の子を翻弄するというものだ。萬斎は、彦市と天狗の子が格闘する最後の場面で、シンクロナイズド・スイミングの真似をしてみせた。

「狂言を新作でやる場合には、常套ばかりが見えるようではいけないと思っています。古典のやり方にそのままはめ込むというだけでは、狂言の精神ではありません。狂言の精神とは、パロディや遊びの精神があるということです」と語っている（『萬斎でござる』）。

また、イギリスで「演出」というものを強く意識するようになった萬斎は、自分の演出力を試そうとする。帰国翌年・平成八（一九九六）年初演の「こぶとり」で初めて「新作狂言」を演出した。京都を拠点とする大蔵流の茂山千五郎家一門との共演だった。

原作は、太宰治の短編集『お伽草紙』に収められている「瘤取り」。日本人なら誰もが知っている昔話に、太宰ならではの深い人間洞察を加えた文学作品だ。小劇場系の劇作家・演出家として知られる北村想の脚本を萬斎と茂山千五郎が共同演出した。

後に狂言方として初めて文化勲章を受章する茂山千作と万作という二人の名人が、「おじいさん」一・二で、三十数年振りに共演することでも大きな話題を呼んだ。


萬斎がイギリスで出逢った演劇作品の中で、演劇観を変えさせるまでのパワーのある作品と評するのが、当時、結成されて十年ほどしか経っていなかった「テアトル・ド・コンプリシテ」という劇団の「ルーシー・キャブロルの三つの人生」だ。言葉だけでなく、鍛えられた身体と声によって得られる躍動感、リズム感によって演劇的高揚を生み出すことこそ、自分のやりたいことだったと気付いたという。

それを生かしたのが平成九（一九九七）年四月に国立能楽堂で初演された「藪の中」。黒澤明監督の映画「羅生門」の素材としても使われている芥川龍之介の小説「藪の中」

を狂言化した作品で、「こぶとり」に続いて、千作をはじめとした茂山千五郎家一門が出演した。

原作は、都の羅生門で男が賊に襲われて死に、その妻が姿を消すという事件を巡って関係者の証言が食い違い、真相は謎に包まれるというミステリーだ。萬斎はこの筋を、村人が演じる祭の余興という形で「劇中劇」とした。ストーリーそのままではなく、「狂言の世界に芥川を入れる、芥川の世界で笑ってしまうということで、バランスを取れるような構造を考えてみた」という（同）。

また、通常は「作り物」（舞台装置）を載せるための「一畳台」を立て掛けて、板戸や仏が座る玉座に見立てたりした。これについては能楽堂でやるのだから、挑戦的に芸術性を出したと、演出意図を明らかにしている。そして狂言の正統的な演出方法や、技術の高い狂言師を使うことで、これだけのことが出来ると証明すると同時に、笑いだけではない、狂言の様々な面も観て欲しかったと語っている。賊・夫・妻が、それぞれ十五分にもおよぶ独白を重ねる長丁場の芝居で、狂言ならではの技術でしゃべり分けていくところを強調した。

「藪の中」は「劇場版」も作られ、平成十一（一九九九）年、渋谷の東急文化村シアターコクーン上演時の演出で、萬斎は「文化庁芸術祭」演劇部門の新人賞を受賞した。

更に平成十三（二〇〇一）年、シアターコクーンで同じ芥川の「偸盗」「羅生門」の要素を加えた「RASHOMON」を初演。その他にも、平成十二（二〇〇〇）年八月には、いとうせいこう作の「鏡冠者《かがみかじゃ》」、平成二十九（二〇一七）年九月に、石牟礼道子作の「なごりが原」、同年十二月に、池澤夏樹作の「鮎」と、萬斎演出の新作狂言が初演されている。タレントであり作家でもあるいとうせいこうや『苦海浄土』で知られる石牟礼道子、人気作家の池澤夏樹らの作品によって、これまでに無かった視点を狂言に取り入れたかったのだろう。

中でも「鮎」では、川の中がアッと言う間に部屋の中に変わり、囲炉裏端には鮎に扮した役者たちが串刺しになった姿で並んでいるという、狂言の技を駆使した場面転換を行い、観客を驚かせた。

令和四（二〇二二）年には、人気漫画『鬼滅の刃』を萬斎の演出・出演で能・狂言化することが発表されている。

萬斎は、新作の演出については、パントマイムやダンスといった、「能・狂言と近似値の高いもの」を意識して入れ込むという。「ただいただくのではなく、インスピレーションを受けて自分のテリトリーで調理する」と言い、「そういった刺激を受けて展開していく中でも、やはりやってはいけないという一線があると私は思っています。ある時代では、『ぶっ壊す』という手法をあえて使うことが、能狂言に限らず芸術全般の運動でありました。ただしその場合、壊した後に再構築するところまでやればいいと思いますが、ぶっ壊したママをみせるという手法は正直、私の好むところではありません」と語っている（「能楽タイムズ」平成31年1月号、能楽書林）。

古典の工夫

新作狂言では、斬新な演出にも挑戦して来た萬斎だが、古典と向き合う時は違う。「私は古典については『演出する』ということばを使いません。『工夫する』といいます。古典のいいものは、多少のアレンジや、ちょっとした工夫で、充分、現代に通用します」（『萬斎でござる』）

この言葉の通り、平成九（一九九七）年から六年間にわたり、東京・渋谷のＮＨＫホールなど全国を回った「電光掲示狂言の会」では、古典の見せ方に大胆な「工夫」を加えた。歌舞伎や落語のような大衆芸能でさえ、最近では「言葉の意味が解らない」と言われる。これは、狂言も同様だ。そこで萬斎は、舞台上に大きな「電光掲示板」を幾つも立て、そこに今では馴染みが無くなったセリフの意味や聴き取りづらい謡の文字を表示したのだ。

加えて、通常の狂言会では考えられないような、二千人から三千人が入る大きさの会場を選んだ。萬斎は大きな会場でやることについて「千五百人集まったのなら千五百人に届けにゃいかんな、という気持ちになりますね」(『狂言三人三様 野村萬斎の巻』)と語り、曲も「六地蔵《ろくじぞう》」「首引《くびひき》」「茸《くさびら》」「博奕十王《ばくちじゅうおう》」といった大勢が出るものを並べた。

萬斎は、「電光掲示板」を「ケイジ君」と名付けて擬人化し、観客に対し、それに向け拍手や叫び声を挙げるよう促した。ＡＩなどという言葉が、まだ一般化していない時代。画期的な試みだった。

「博奕十王」は、地獄に落ちる人間が少なくなり、困った閻魔大王が、極楽との分かれ道である「六道の辻」まで出て来るところから始まる。地獄に落とせそうな人間を捕まえようとするが、言葉巧みに博奕に誘い込まれ、身ぐるみ剝がされた上に、極楽へ案内させられる。

舞台の奥に設置された大型スクリーンには、博奕打ち役の萬斎の顔がＣＧで大きく映し出されたり、博奕の賽の目を予め観客に予想させ、当たると終演後に景品がもらえるといった趣向まであり、会場は終始盛り上がった。何千という観客を相手にした人気歌手のコンサートさながらで、舞台と客席に一体感を持たせる工夫が随所に凝らされていた。

同じ年、萬斎は東京・新宿のスペース・ゼロで「蠟燭狂言」を企画した。蠟燭の灯で行う「蠟燭能」「蠟燭狂言」自体は、独特の風情が人気を呼ぶため、そう珍しくはないが、萬斎の選曲にはある意図が込められていた。

取り上げたのは「弓矢太郎《ゆみやたろう》」という曲だ。ある夜、天神様を祀る天神講の相談に集まった人たちが、本当は臆病者なのに、いつも強がりを言う太郎をからかってやろうと、今から天神の森へ行き、証拠に扇を残して来れば褒美を出すとけしかける。太郎は武勇を自慢していた行き掛かり上、断ることもできず、恐ろしさしのぎのため、鬼の扮装をして森へ向かう。森には先回りした天神講の世話人が、太郎を脅かそうと、やはり鬼の扮装をして待ち構えていた。二人は鉢合わせし、お互いを本物の鬼と思い目を回す。先に気が付いた太郎は、鬼のふりをして後から来た仲間たちを脅かす。

萬斎は、狂言は大掛かりなセットやリアリティのある小道具、音響等を利用しないいため、若い人にはわかりにくいのかもしれないが、それは想像力の欠如が原因ではなく、想像の仕方そのものがわからないからではないかと指摘している。

「弓矢太郎」でも、現代では天神の森のような真の闇というのは経験しにくいとして、照明を蠟燭だけにして闇を強調したり、闇のなかで聴覚が鋭敏になっていく感覚を促したという。

この企画が評価されるべきなのは、狂言の歴史的蓄積を破壊することなく、現代人を充分に楽しませる事ができたという点だろう。萬斎も自分の足元は古典であると明言している。

狂言には、それぞれの「場」に応じた多様な楽しみ方があって良い。萬斎も言うように、通常の狂言の演出は、能楽堂の能舞台でやるからこそ効果的なのであって、地方や海外の劇場やホールでやる場合は、ふさわしくないこともある。「公会堂や薪能など、能楽堂以外の場所で演じることは、能楽堂で演じることと、おのずと変わるべき」(『萬斎でござる』)という萬斎が、それを具体化して見せたのが、先の「弓矢太郎」だった。

狂言方としての萬斎の評価は高い。令和三（二〇二一）年度には観世寿夫《ひさお》記念法政大学能楽賞を受賞した。この賞を若くして受賞した能楽師の多くは、その後も数々の栄誉を手にしている。

時代劇の師匠

舞台で幾ら活躍しても、メディアとしての力という点においては、映画やテレビには敵わない。「野村武司」という名が広く世間に知られるようになった第一歩は、先にも触れたように黒澤映画「乱」への出演だった。

「乱」は日本とフランスの合作。約二十六億円という、当時の日本映画としては桁外れの制作費が調達できず、構想から制作が始まるまで十年かかっている。日本映画に対する評価が高いフランスを巻き込むことにより動き出した経緯があった。

黒澤監督が、毛利家の「三矢の教え」から着想し、それをシェイクスピアの「リア王」と結び付けた。舞台を日本の戦国時代に据えて、架空の武将である一文字秀虎を主人公に、三人の息子との確執や兄弟間の争いを通し、終わりのない戦さに明け暮れる人間の愚かさを描いた。

主演は、「七人の侍」で映画デビューして以来、「用心棒」「椿三十郎」「天国と地獄」「影武者」など、数多くの黒澤作品に出演した仲代達矢。武司は、この作品に「鶴丸」という役で出演した。当時の武司は、名門の生まれとはいえ、狂言ではまだ駆け出しで、狂言ファンの間でも「万作の長男」にしか過ぎなかった。ましてや映画の世界では、まったくの新人で無名だった。

「鶴丸」は、かつて秀虎が滅ぼした城の城主の嫡男で、死を免れる代わりに盲目となった少年だ。最後まで生き残り、血のように真っ赤な夕焼けに染まる、焼け落ちた城跡で、決して来ることの無い亡き姉を、そうとは知らずにひとり待ち続ける。姉から託された掛け軸が手から滑り落ちて解け、阿弥陀如来の絵姿が現れるラストシーンは、仏も救い難いほど、戦いに明け暮れる人間の業を描くというこの作品の無常感を象徴していた。

「乱」は、昭和六十（一九八五）年に公開されると、国内外で高く評価されたが、注目は演出・美術・撮影・衣装などに集まり、演技に言及した例は少なかった。アカデミー賞、「キネマ旬報ベストテン」「ブルーリボン賞」など国内外の映画賞にノミネートされたのも、ほとんどが監督賞、美術賞、撮影賞などだ。ワダ・エミは、この作品でアカデミー賞衣装デザイン賞に輝いた。

その中で大御所の映画評論家の佐藤忠男は「その扮装も動きも、見事に能の様式になっている」とした上で、ラストシーンについて「能の伝統における俳優の静止した姿勢の意味深い美しさがものを言っている」と、武司の存在感と演技力を高く評価した（「キネマ旬報」昭和60年7月上旬号、キネマ旬報社）。

「乱」によって映画ファンの間でも注目される存在となったが、知名度を飛躍的に高めたのは、平成六（一九九四）年に放送されたＮＨＫの大河ドラマ「花の乱」への出演だ。萬斎にとって初めてのテレビドラマ出演であり、襲名したばかりの「萬斎」の名が初めてタイトルバックに登場した。

「花の乱」は、戦国時代の幕開けを告げる「応仁の乱」を軸として、室町幕府八代将軍・足利義政の正室である日野富子の生涯を描いた作品だ。三田佳子を主演に、歌舞伎から映画界に身を投じ大スターになった萬屋錦之介、歌舞伎を代表する市川團十郎、歌舞伎からミュージカルまで幅広く活躍していた松本幸四郎、海外の映画祭で数多くの賞を受賞し「グランプリ女優」と呼ばれた京マチ子ら錚々たる面々がガッチリと脇を固めていた。

その中で、萬斎は、応仁の乱の東軍の大将・細川勝元役を演じた。敵である西軍の大将・山名宗全役は萬屋錦之介。錦之介は「何か一級品の風格、見るからに『キレ者』という雰囲気を漂わせていた」（『萬斎でござる』）と言い、萬斎は錦之介を手本としてテレビの演技術を学ぶことにした。

狂言の演技は全身や言葉でするもので、表情をわざとらしく作ることなど邪道とされている。目を剝いたりもしない。しかし、顔がアップになることが多いテレビでは、この目の演技が最も有効な表現要素となる事を知った。

萬斎は単に錦之介の目の使い方を真似るのではなく、狂言の演技術を生かし、「目がとどまっている」ように見せることにより、冷徹な勝元の性格を表現した。

「テクニックを盗んで自分の演技の幅が広がっていくのは、とても楽しい経験でした。私の時代劇での師匠は、萬屋さんだと思っています」と萬斎は記している（同）。

令和五（二〇二三）年、萬斎は「花の乱」以来、二十九年ぶりに大河ドラマに出演する。「どうする家康」で今川義元を演じるのだ。

エイスケさん

萬斎が爆発的人気を得たのは、平成九（一九九七）年に放送されたＮＨＫ連続テレビ小説「あぐり」によってだった。

「あぐり」は、作家・吉行淳之介の母で、長年、東京で美容院を経営していた吉行あぐりをモデルにした一代記。萬斎は、あぐりの夫で、前衛的な小説を残した流行作家の「エイスケさん」を演じた。大正時代から昭和初期にかけて、東京という大都会で、奔放に生きた「エイスケさん」とはこんな人物だったのだろうと納得させるような萬斎の軽妙洒脱な演技は大きな人気を呼んだ。

萬斎は、普段は観客に解釈を押し付けないように演じているとした上で、「対極にあるのがテレビドラマですかね。私はこういう人間ですとワーッとやった者勝ちになる。それを自分が一番やったのが、『あぐり』のエイスケさんだったと思います」と語っている（『狂言三人三様　野村萬斎の巻』）。

視聴者からは、演技に対する評価ではなく、「エイスケさん」というキャラクターが気に入っているという声が多く「エイスケさん」と萬斎を同一視しているようだった。萬斎としては技術に注目して欲しかったのだが、それを感じさせない程、自然に見えたのだ。

萬斎はこの作品で「橋田賞新人賞」と「エランドール賞特別賞」を受賞した。「橋田賞」は、脚本家の橋田壽賀子が創設した賞で、テレビ文化に貢献した番組や個人に贈られる。萬斎の受賞理由には「颯爽と、また飄々とした雰囲気と豪胆でいて繊細な演技には既存の俳優にはない独特の存在感がある。動と静を同時に表現できる俳優として今後大いに期待できる」とあった。

「エランドール賞」は、日本映画テレビプロデューサー協会が制定した賞で、「特別賞」は、その年度に顕著な実績があった個人を対象としている。萬斎の受賞理由は「ヒロインの夫エイスケの半生を軽妙かつ爽やかに演じて全国の視聴者にエイスケ旋風を巻き起こすとともにドラマの成功に絶大な貢献」をしたというものだった。

「あぐり」に出演するかどうか、萬斎は「相当迷った」という。リアリズム演劇のテレビドラマに自分が出る必然性にも疑問があった。失敗すればかえって狂言のためにはならない。それでも「『花の乱』で身につけたテレビの演技術を、もういちど現代劇のなかで試してみたかったということと、留学を経て、狂言以外の世界で自分の実力がどの程度通用するのかを、見極めてみたい」(『萬斎でござる』)という思いが出演を後押しした。

狂言で培った演技術も生きた。萬斎は、演じるキャラクター用の型をつくる事が自分の役作りで、それはまさに狂言のテクニックだと言う。

「テレビや映画などでは、舞台とちがって、なりきり型にならないとうまくいかないように思います。そういう場合にも、型をつくることからはじめる狂言の技術が応用できるということが確認できました」(同)。


「陰陽師」


萬斎の人気を決定付けたのは、平成十三(二〇〇一)年公開の映画「陰陽師《おんみょうじ》」で演じた安倍晴明役だった。

作家・夢枕獏の伝奇小説が原作で、監督は、ピンク映画から「コミック雑誌なんかいらない！」で一般映画に進出し、「僕らはみんな生きている」等の話題作を撮っていた滝田洋二郎だった。

平安時代の実在の陰陽師・安倍晴明が、妖術で都を滅ぼそうとする陰陽頭の前に敢然と立ちはだかる。萬斎は主役の安倍晴明を演じ、敵対する陰陽頭はハリウッドでも活躍する真田広之が演じた。

この作品では、萬斎の身に付いた様式的な存在感が際立った。萬斎は「意味を伝えずとも音だけで人が気持ちよくなる、現れただけでハッと思われる役者になりたいという志向が最初からありました」として、「陰陽師」では「安倍晴明はまさに神秘的な存在感で、すっといる。声が呪文のようにスーッと聞こえる。場面場面にはほとんど意味がない。実はそれだけで撮っています。自分で芝居しているとはとうてい思えない。それが安倍晴明という役に凝縮されている気はします」と語っている（『狂言三人三様　野村萬斎の巻』）。

「陰陽師」は興行収入三十億円を超えるヒットとなり、萬斎はスポーツ紙の映画担当記者の投票で決まる「ブルーリボン賞」の「主演男優賞」のほか、「日本アカデミー賞」では「新人俳優賞」と「優秀主演男優賞」の二冠に輝いた。

「あぐり」から「陰陽師」に掛けての萬斎の年齢は、三十一から三十五歳。万作は萬斎について「二十、三十の頃、とても花がありました。時の花とはこういうものかなと、親でさえも思いました。花のある狂言師だった」と回想している（『人間国宝　野村万作の世界』林和利、明治書院）。

「陰陽師」の後、萬斎は五本の映画に出演するが、いずれも主演を務めている。

平成十五（二〇〇三）年、前作のヒットを受け、「陰陽師Ⅱ」が制作された。この作品では、朝廷を滅亡させようとする出雲族の生き残りの術師に扮した中井貴一を敵役に、前作に引き続き安倍晴明を好演した。

平成二十四（二〇一二）年、「のぼうの城」で佐藤浩市と共演。和田竜が、脚本家の登竜門である「城戸賞」を受賞した「忍ぶの城」を映画化した作品で、CMディレクターから映画に進出した犬童一心と樋口真嗣が共同で監督した。身分を超えて領民と交わり、「（でく）のぼう様」と慕われる武将・成田長親は、豊臣方の石田三成軍を前に籠城せざるを得なくなるものの、命懸けの奇策と人望で持ち堪えるという粗筋だ。萬斎は長親、佐藤浩市は幼馴染で重臣の正木丹波守利英を演じた。当初は平成二十三（二〇一一）年九月に公開を予定していたが、「水攻め」のシーンがあり、この年の三月に起こった東日本大震災による津波を連想させることから、翌年十一月まで公開が延期された。興行収入二十八億円を超えるヒットとなり、「日本アカデミー賞」で作品賞など十部門の「優秀賞」を獲得。萬斎も「優秀主演男優賞」に輝いた。

平成二十五（二〇一三）年に公開された宮崎駿監督のアニメーション映画「風立ちぬ」では声優にも挑戦した。ゼロ戦の設計者である堀越二郎の半生をモデルに、堀辰雄の名著「風立ちぬ」を織り交ぜ、生きることの大切さを説いた作品だ。萬斎は、堀越の夢の中に現れた尊敬するイタリアの飛行機設計家・カプローニ伯爵の声で出演した。この作品は約百二十億円という興行収入を上げただけでなく、アメリカのアカデミー賞長編アニメーション映画賞、ゴールデングローブ賞外国語映画賞にノミネートされるなど、世界的に高い評価を得た。

テレビドラマでは、平成二十七（二〇一五）年からフジテレビ系で、アガサ・クリスティー原作×三谷幸喜脚本×野村萬斎主演の組み合わせでスペシャルドラマが始まった。名探偵ポアロをモデルとした主人公「勝呂《すぐろ》武尊《たける》」を萬斎が演じ、物語の舞台を日本に置き換えた。名作「オリエント急行の殺人」を原作とする「オリエント急行殺人事件」を皮切りに、平成三十（二〇一八）年には「アクロイド殺し」を原作とする「黒井戸殺し」、令和三（二〇二一）年には同名の作品を原作とする「死との約束」が放送された。

平成二十八（二〇一六）年には、金子修介監督のオリジナル脚本映画「スキャナー 記憶のカケラをよむ男」に主演。萬斎が演じたのは、売れなくなったお笑いコンビの片割れだが、物や場所に残る記憶や感情を読み取る不思議な能力を持っている。若い女性に頼み込まれ、しぶしぶ、ある失踪事件の解決を助ける事になる。

平成二十九（二〇一七）年、篠原哲雄監督の「花戦さ」に主演。織田信長に中井貴一、千利休に佐藤浩市、豊臣秀吉に市川猿之助、前田利家に佐々木蔵之介らが顔を揃えた。萬斎は、利休に切腹を命じたのをきっかけに狂ったように人々を死に追いやる豊臣秀吉を、死を覚悟して活け花によって諫める華道家の池坊専好を演じた。

平成三十一（二〇一九）年に主演した「七つの会議」は、「半沢直樹」シリーズで知られる人気作家・池井戸潤の原作を、TBSのヒットメーカー・福澤克雄が演出するという鉄壁の組み合わせだった。社内のパワハラ事件をきっかけに、その裏にある偽装事件が浮かび上がるという企業ミステリー。萬斎は「ぐうたら社員」で万年係長だが謎を秘める八角民夫の役で、鬼の営業部長を香川照之、やり手の課長を片岡愛之助、そのライバルを及川光博が演じた。

こうやって映画での萬斎の役柄を並べて見ると、一つの共通する人物像が浮かび上がって来る。普段は飄々と生きていたり、頼りなかったり、どうしようもない生活を送っていたりするが、いざとなると非凡な知恵と能力を発揮する、といった人物像だ。

その人物像は、狂言の中に庶民の代表として登場する「太郎冠者」の一面を捉えている。さらには、狂言では、万蔵家の伝統を受け継ぐ軽妙洒脱な芸風で演じて見せるが、その実は知的・理性的な人間である萬斎そのものとも共通している。

少し人物像は違うが、「実は……」という点では、令和三（二〇二一）年に、人気の「ドクターX～外科医・大門未知子」の第七シリーズで演じた役も同じだ。始めは主演の米倉涼子の敵役と見えたが、実は善玉というクセのある役。初めての民放の連続ドラマ出演だったが、しっかりと存在感を示した。

意外なところでは平成二十八（二〇一六）年公開の「シン・ゴジラ」にもかかわっている。ゴジラのモーションキャプチャーアクターを務めたのだ。モーションキャプチャーとは、人間の動きをデータに取り、コンピュータグラフィックのキャラクターに反映させるもの。かつて俳優が着ぐるみを着て動いたのに代わる技術だ。「シン・ゴジラ」のゴジラを、萬斎が着ぐるみを着て演じたようなものと言っても良いだろう。ここにも狂言の演技術が生きている。

演劇の俳優として

萬斎の活動を追っていくと、広く知られているのは映画やテレビでの活躍だが、比重からすると、狂言の次は演劇と言って間違いない。あくまで「舞台人」なのだ。

萬斎が、初めて演劇の世界へ足を踏み入れたのは、昭和六十二（一九八七）年、二十一歳の時だ。フランス文学の研究者でもある渡邊守章が演出し、渋谷のパルコ劇場で上演された「パルコ［能］ジャンクション 葵上」に起用された。渡邊は、かつて万作や観世寿夫ら能楽師が、ジャンルを超えて演劇人と共に結成した「冥《めい》の会」に参加していて、ギリシャ悲劇の「アガメムノーン」や「メデア」を演出した。

起用された時、萬斎はまだ本名の「武司」時代で、黒澤明監督の映画「乱」で注目されたものの、まだ広く知られる存在では無かった。

現代音楽の代表的な作曲家の一人・湯浅譲二が作った「葵上」という「ミュージック・コンクレート」（現代音楽の手法の一つ。様々な音を電子的に加工し、再構成して作品に仕上げる）の作品がある。「観世三兄弟」と言われたシテ方の観世流宗家の分家である銕之丞家の寿夫・栄夫《ひでお》・静夫（後の八世銕之亟）の三兄弟による謡と囃子の掛け声が使われている。

渡邊によるとこの前年、八年前に亡くなった寿夫の命日である十二月七日に毎年開かれていた「清雪忌《せいせつき》」の夜、寿夫の弟である栄夫から、追善としてこの作品を使った舞台が出来ないかという相談を持ち掛けられたのだという。渡邊は、この日の会場だった銕之丞家の銕仙会の能楽堂で、小学生の時から暫く会っていなかった武司を久し振りに見かけ、強い印象を受けていた。

「沈みがちな銕仙会の見所《けんしょ》に、ふと咲いた一輪の白い蓮の花のようで、そこだけが光り輝いているように思えた」「まだ少年の面差しを残している、あまり能・狂言づいていない若者の身体的現前によって、虚空に開く花のように瞬時に啓示されたことは告白しておいてもよいだろう。彼の体で『葵上』を読み直して見よう」と思ったと渡邊は振り返っている（『狂言三人三様　野村萬斎の巻』）。

「葵上」は、湯浅の作品を使い、能と演劇の融合を試みた観世栄夫と武司の二人芝居だった。能の「葵上」は、『源氏物語』をもとに作られている。高貴な身分でありながら、光源氏と逢瀬を重ねた六条御息所が嫉妬に駆られた末に、生霊となって光源氏の正妻の葵上を苦しめるというものだ。

それに触発された渡邊の「葵上」での武司の役は、カーレーサーの若者。事故に遭って生死の境を彷徨っている間に、六条御息所の生霊と出会うという設定だった。

栄夫は通常の能の形式だったのに対し、武司の役は、後に「持っている古典芸能の技術を変容させて提示するという試み」(『萬斎でござる』)と振り返る通り、特殊なものだった。場面によって能の謡の形式で謡わされたり、現代語のセリフで演じさせられたりした。そのセリフも、様式性の強い語りの技法を求められた。その上、ブリッジをしたままセリフを言わされたり、かなり過酷なものだった。

渡邊は、翌年、渋谷のパルコ劇場で上演された「當麻《たえま》」に、再び武司を起用した。「當麻」は、能に触発されたものではあるが、奈良の當麻寺《たいまでら》の縁起に基づく宗教色の濃い原曲とはかけ離れている。民俗学の礎を築き、歌人としても知られた折口信夫の名作『死者の書』を渡邊の脚色・構成・演出で舞台化した作品だ。「少年」を武司、「老人」を栄夫、「女」を新劇の後藤加代が演じた。この作品は、折口の文章を語る部分が重要だったが、折口の世界に馴染めず、萬斎は、ストレスを感じながらの連続公演は辛かったと振り返っている。

シェイクスピアへ

その後も渡邊との交流は続き、萬斎の演劇活動に大きな影響を与えた。萬斎がシェイクスピアに関心を持つきっかけも作っている。平成二（一九九〇）年、シェイクスピア作品を専門とする新宿のパナソニック・グローブ座で上演された「ハムレット」で、渡邊は、一定のリズムに基づいた古典的な韻文調でセリフを翻訳し、脚本も書いた。主演は武司、まわりは新劇「円」の役者たちが固めた。その中で、武司は、「リアリズム演劇」と狂言方の演技術の違いも感じていた。新劇の役者たちから「感情の流れが見えない」と言われたのだ（同）。

それについて萬斎は、狂言は基本的には感情移入というほどの感情移入はしないので、新劇の人には物足りないかもしれないと分析すると共に、感情に溺れず、それを一つの枠組みとして力を注ぎ込むことで観客を感動させる、そうした狂言的な表現方法をこそ生かしたかったと明かしている。また、シェイクスピアと狂言は相性がいい、狂言師としてのテクニックを生かしやすいとも感じた。

武司は「ハムレット」から三年、再びシェイクスピアに挑んだ。平成五（一九九三）年十二月にパナソニック・グローブ座で上演された「テンペスト」だ。しかし、これは本人によると「はじめて」かつ「最大の失敗作」だった。武司は、主役の召使いである空気の精「エアリアル」を演じたが、カナダ出身の新進気鋭の演出家であるロベール・ルパージュが多忙を極めていたため、狂言師とは何であるか理解しないまま演出されたという。萬斎は「最後まで自分の身の置きどころがつかめないままでした」と振り返っている（同）。

だが「ハムレット」や「テンペスト」に出演したことによって、同じ古典でありながら、台本も演出も毎回ほぼ同じ狂言と違って、台本を変えずに演出を変えるシェイクスピア劇のあり方は、狂言の未来に通じると感じるようになっていった。

「スサノオ」

平成六（一九九四）年七月、イギリスへ留学する直前の萬斎は、フランスのアヴィニヨン演劇祭で、勅使河原宏《てしがはらひろし》演出・美術の「スサノオ」の主演を務めた。勅使河原の父は、活け花に斬新な手法を取り入れた近代を代表する華道家で、草月流の創始者の蒼風。宏はその長男にあたる。五十を超えて家元を継ぎ、親譲りの現代美術とも言える斬新な作品を発表するまでは、東京美術学校卒業以後、映画監督や舞台演出家・美術家として活躍していた。

この年のアヴィニョン演劇祭の特集は「日本」で、その目玉が「スサノオ」だった。「スサノオ」は、八岐大蛇退治で知られるスサノオと、その母であるイザナミの激しい葛藤を描いている。フランス人女優によるナレーションや現代音楽が入り、ユニークな衣装を使った前衛的な作品だったが、「新作能」として作られ、観世栄夫や浅見真州《まさくに》らシテ方も出演した。

舞台は、ロワール川沿いの石切り場で、そこに三千本もの竹を使った舞台装置が設えられた。萬斎は現地で体調を崩し、万全ではないまま舞台に臨み、「かならずしも演劇的に成功したとは思えないところもあった」と振り返っている（同）。

ロンドンでの日々

萬斎が留学したロンドンは演劇の本場と言われ、ここで評価を得ようと世界中の作品が集まって来る。

日本では、ゆっくり演劇を観に行く時間もなかった萬斎だが、ロンドンでの一年間は、思う存分観ることが出来、じっくりと考える時間もあった。その中で、イギリスの演劇は、言葉がすべてだと感じたが、こういう芝居をやりたいのではないと悟った。「演劇的余白を持たせ、身体を積極的に使うことが、狂言のアイデンティティーだと痛感」した（同）。

イギリスで過ごした一年を通して、「狂言の演技術は、現代の演劇界に新風を吹き込むことができる、まだまだ刺激を与えられる」と確信を持った。後に、「英国という鏡に自分を映し、英国演劇という鏡に狂言を映すことのできた、貴重な日々だった」と振り返っている（同）。

「子午線の祀り」

平成十一（一九九九）年、萬斎は、新国立劇場で上演された「子午線の祀《まつ》り」に、新中納言知盛の役で出演した。

「子午線の祀り」は、木下順二が『平家物語』を下敷きに書いた作品で、それぞれの衣装を着けた役者たちが、台本を一人で読んだり、皆で読んだりする「群読」という形式で演じられる。昭和五十四（一九七九）年の初演以来、何度も上演されており、「古典」と言って良い作品だ。

この時の演出は観世栄夫が中心だった。

能・狂言のほか、歌舞伎・新劇などジャンルを超えて一堂に集まるのもこの作品の特徴で、父の万作は初演から幾度となく出演していた。その作品に、今度は萬斎が挑んだのだった。

歌舞伎や文楽に詳しい演劇評論家の水落潔《みずおちきよし》は「萬斎が傑出している。作者の多彩な文体を鮮やかに朗誦し言葉が明晰である。鍛えあげた技術が分かる」と絶賛（「テアトロ」平成11年4月号、カモミール社）。この作品で萬斎は、読売演劇大賞の優秀男優賞を受賞した。

萬斎は、父が演じていたのを現場で観ていたので「私の中では新作というより、ある意味で古典的な要素があったと思うんです。だから役のつかまえ方が早かった」という（『狂言三人三様　野村萬斎の巻』）。

「子午線の祀り」は、平成十六（二〇〇四）年に、萬斎が芸術監督を務めていた東京の世田谷パブリックシアターでも上演された。観世栄夫が演出を手掛け、萬斎も知盛役で出演。平成二十九（二〇一七）年には、世田谷パブリックシアターの開場二十周年記念として、今度は萬斎が自ら演出。令和三（二〇二一）年には全国を巡演している。

シェイクスピアとギリシャ悲劇

それ以降、萬斎は狂言との共通性を感じたシェイクスピア劇とギリシャ悲劇に集中的に取り組み始める。

平成十三（二〇〇一）年、世田谷パブリックシアターで萬斎が演出した「まちがいの狂言」初演は、シェイクスピアの「間違いの喜劇」を、イギリス文学の研究者である高橋康也《やすなり》が翻案したものだ。

幼い頃、乗っていた船が遭難し、離れ離れになってしまった双子の兄弟と、それぞれに仕えるこれまた双子の召使いが巻き起こす騒動を描いた作品で、双子の「白草の太郎冠者」と「黒草の太郎冠者」の二役を萬斎が、「白草の石之介」と「黒草の石之介」の二役を万作の弟子の石田幸雄が演じ分けた。万作も、石之介の父である「白草の直介」の役で出演した。

萬斎は、シェイクスピアの作品には、口語と韻文が交じっていたり、悲劇の中に道化的な部分が挿入されているといった多様性を指摘し、「狂言もそういう意味では、一方に能のような様式性も持っていながら、他方で写実的なコント風のものまでカバーしている。フィジカルなテクニックにしても、ボーカルのテクニックにしても、幅広い。この技術を適切に使い分けることが、シェイクスピアのテキストを生かすのに役立つと思う」と語っている（「言語」平成13年10月号、大修館書店）。この年の七月には、この作品の「グローバルバージョン」がロンドンのグローブ座でも上演された。

不本意な結果に終わった「テンペスト」とは対照的に、演出家に恵まれたのが、ギリシャ悲劇「オイディプス王」だ。平成十四（二〇〇二）年に、東京・渋谷の東急文化村シアターコクーンで上演された。演出は、演劇界の巨匠・蜷川幸雄。萬斎は主役のオイディプスを演じた。そうとは知らずに自分の父親を殺し、母親と関係を持ってしまった悲劇の主人公だ。

蜷川は、初めて萬斎と会った時に、不思議な風を感じたという。「首から胴まで真っ直ぐなまま、上下動せずスウッと滑るように歩いてくるんですが、首が太く上半身が前面に張り出しているので、茶筒が水平移動してくるような感じです。（中略）その第一印象で、『萬斎さんとギリシア悲劇をやろう』と思った」と起用の理由を語った。また、「能・狂言は、真に古典の身体なのだと思います。まず声の響きが違う。上半身を円筒のように膨らませて、声帯から出た声を、身体前面の太鼓の皮に響かせるイメージです。言葉というよりも音として抽象化されている印象ですね」と評価している（「文藝春秋」平成15年12月号、文藝春秋）。

この作品に、初めは萬斎も苦しんだ。シェイクスピアへの対応パターンはできつつあっても、ギリシャ悲劇を体現するためのソフトがなかったのだ。欧州で始まった近代演劇の発想とは明らかに違うところに自らが立脚していることも自覚した。

だが、古典劇ならではの共通点も見出している。それは、根源的な高揚感、祭りや儀式としての演劇のあり方だった。ストーリーに辻褄が合わないところがあっても、役者のエネルギーによって、運命に翻弄される人間が見えてくれれば観客は納得するといい、「一種の儀式を司るような演技は、近代的な役者さんにはなかなかできないのではないでしょうか」と分析している（『狂言三人三様　野村萬斎の巻』）。

それでも、何度もやっているうちに、回路がつながってくるという感じがあった。それには四十回近くの上演回数が必要だったと振り返っている。

演劇評論家の今村忠純は「新たなオイディプス像をつくりだしました」と絶賛した（「悲劇喜劇」平成14年9月号、早川書房）。萬斎は、この年、世田谷パブリックシアターで再演された「まちがいの狂言グローバルバージョン」と「オイディプス王」の演技で、「読売演劇大賞優秀男優賞」を受賞した。平成十六（二〇〇四）年、「オイディプス王」は、オリンピックの関連文化企画として、アテネにある約五千人収容の屋外円形劇場「ヘロド・アティクス」で上演され、国際的にも注目を集めた。蜷川の、屋外に建つ巨大な古代ギリシャの円形劇場に立てる身体が必要だ、という期待に、萬斎は見事に応えた。

シアターコクーンでの蜷川作品への出演は、平成二十（二〇〇八）年には、蜷川の盟友だった清水邦夫作の「わが魂は輝く水なり——源平北越流誌」、二十二（二〇一〇）年にシェイクスピアと同時代の劇作家、クリストファー・マーロウの「ファウストの悲劇」と、その後も続いたが「オイディプス王」ほどの評価を得る事はなかった。

「世田パブ」の芸術監督

平成十四（二〇〇二）年、萬斎は、東京の世田谷パブリックシアターの芸術監督に就任した。

世田谷パブリックシアターは、世田谷区立として、平成九（一九九七）年に開館した公共劇場で、渋谷に近い東急線の三軒茶屋駅と地下で直結したビルの中にあり、六百席と二百数十席の二つの劇場を持つ。

開館に当たっては、劇団「夢の遊眠社」や東京グローブ座で演劇プロデューサーとして実績のある高萩宏を制作部長に迎え、企画・制作機能を備えた、全国でも最先端を行く公共劇場となっていた。

萬斎は、三十六歳の若さで芸術監督に就任した。それにあたって、次のような芸術監督としての方針を掲げた。

①地域性、同時代性、普遍性
②伝統演劇と現代演劇の融合
③総合的な舞台芸術〝トータル・シアター〟を指向する

さらに、一度限りの上演で終わってしまう使い捨ての紙コップのような「消費型の作品づくり」が主流となっている現状への対抗策として「レパートリー・システム」の重要性を強調した。「レパートリー・システム」とは、ヨーロッパの歌劇場などで採用されている興行システムで、シーズンごとの決められたプログラムに従い、日替わりで違ったレパートリー（演目）を上演するものだ。多少当たらなくとも、芸術的価値が評価されれば、じっくりと育てて行くことが出来る。新しい作品でも繰り返し上演されるうちに、その劇場ならではの代表的な作品として成長して行く場合もある。当たらなければ直ぐに打ち切られ、逆に当たりさえすればいつまでも同じ演目が上演される商業主義的な、アメリカ型のロングラン・システムと対照的と言える。

芸術監督に就任してからは、萬斎の演劇での活動は、自ずと世田谷パブリックシアターに集約されて行った。

平成十五（二〇〇三）年、萬斎は、再び「ハムレット」に挑戦する。ホリプロとの共同制作だった。

萬斎はこの時、日本人の演技術を相対化するために、狂言・歌舞伎・新劇・小劇場など、いろいろな出自の人間を集め、核となる戯曲は新訳し、演出はシェイクスピアの本場、イギリスから招きたいと考えた。

出演は男性だけ。「ハムレット」役の萬斎に加え、シェイクスピア劇を見て俳優を志したという小劇場出身の吉田鋼太郎が「クローディアス」、歌舞伎の女形・中村芝のぶが「オフィーリア」という異色の組み合わせとなった。演出は「ハムレット」で、アメリカ演劇界最高の栄誉であるトニー賞を受賞したイギリスのジョナサン・ケントが手掛けた。この作品は、ロンドンのサドラーズ・ウェルズ劇場でも上演されたが、演劇評論家たちの厳しい批評に晒された。

シェイクスピアの研究者で、明治学院大学名誉教授の大場建治は、その年のワーストワン作品として「ハムレット」を挙げた（「テアトロ」平成16年3月号）。大場の酷評の理由は二点あった。

一点目は、日本語が解らない外国人演出家の起用についてだった。「日本語だけのことでなく日本の伝統演劇にまるで理解のない（あるいは理解しようとしない）人だったようで、ますます珍妙な結果を招いた」と指摘している（同）。

もう一点は、「野村萬斎のシェイクスピアに対する態度」としている。具体的には台本の問題だった。以前から付き合いのあったシェイクスピアの研究者・河合祥一郎に新たに翻訳してもらった台本だったのだが、この過程において、萬斎が過剰に介入した事を疑い、「野村萬斎は自分の言いやすいように台詞をいじくっただけのことではないのか。しかも彼の介入が、彼の演じるハムレットの台詞だけでなく、オフィーリアにも、クローディアスにも、ガートルードにも及んでいるとなっては、舞台の支離滅裂は目にみえていた」と批判した(同)。

萬斎は、構造的には演劇の専門劇場である世田谷パブリックシアターでも狂言を上演した。それまで他の劇場で培って来た「劇場狂言」を進化させ、平成十六(二〇〇四)年には、「狂言劇場」シリーズをスタートさせた。

劇場で能・狂言を演じる時には、通常は舞台上に「所作台」という白木の台を敷き詰め、能舞台に見立てる。本来の能舞台は、中心となる「本舞台」という四角い部分だけでも三間ある。それに七、八間の「橋掛り」という廊下状の舞台が向かって左手に付く。しかし、世田谷パブリックシアターの大劇場は、馬蹄形で、間口も六間しかない。舞台のまん中に「本舞台」を持って来ると、「橋掛り」は、極端に短くなる。かといって「橋掛り」を、ある程度の長さにしようとすると、今度は主に演じる「本舞台」が右に寄り過ぎる。

そこで、萬斎は「本舞台」をまん中にし、左右と奥の三方に短い「橋掛り」を設けるという、かつて無い形式を生み出した。さらに、右手の「橋掛り」の奥にある役者の出入りに使う「揚げ幕」と、背後の松を描いた「鏡板」を無くし、すべて黒幕にした。三本の橋掛りは、文字通り渡るための橋であり、異界につながる橋とも捉えることが可能で、その三本が交錯する本舞台は「人間の交差する場所」としての意味が強調された。また、舞台背景を「黒い暗闇」として演出することで、異界からつながっているというイメージを醸しだすことを狙ったのだ。

萬斎はこの舞台を使って「三番叟」「髭櫓《ひげやぐら》」「唐人相撲《とうじんずもう》」といった古典から「鏡冠者」のような新作まで様々な曲を上演した。

東日本大震災に見舞われた平成二十三（二〇一一）年には、「狂言劇場 その七」として、鎮魂の祈りを込め、「ＭＡＮＳＡＩボレロ」を上演した。ラベル作曲のバレエ作品「ボレロ」に、「翁」での狂言方の役割「三番叟」の舞との共通点を見出し、狂言方としての技法を使って「ボレロ」を舞った。「翁」は、天下泰平や五穀豊穣と共に、国土安穏を祈る芸能だから、被災地への鎮魂としては相応しいものだった。

平成十七（二〇〇五）年には、「敦―山月記・名人伝―」を構成・演出し、中島敦として出演もした。中島敦の「山月記」「名人伝」を軸に、他の作品の文章も織り交ぜながら作家の世界観を表現した作品。かつて万作も参加して、「冥の会」でも取り上げられ、万作は「名人伝」の主役、紀昌を演じた。

萬斎の構成・演出は、狂言ならではの語りや動きを駆使すると共に、能・狂言の謡、囃子に尺八も加わり、伝統芸能と現代劇を融合させた新しい作品となった。

万作が「山月記」の李徴、萬斎は中島敦以外にも「名人伝」の紀昌を演じ、大鼓の亀井広忠、尺八の藤原道山と気鋭の演奏家が音楽を担当した。

萬斎は、この作品で紀伊國屋演劇賞、朝日舞台芸術賞を受賞した。

萬斎は、「ハムレット」に対する厳しい批評にもめげず、平成十九（二〇〇七）年に「リチャード三世」を翻案した「国盗人《くにぬすびと》」を演出・主演、平成二十二（二〇一〇）年に「マクベス」を構成・演出・主演し、世田谷パブリックシアターで、積極的にシェイクスピア作品を上演し続けた。シェイクスピア劇は、萬斎にとって演劇の世界におけるライフワークとなっている。

それと並行して、戦後の日本を代表する劇作家の作品を取り上げている。平成二十四（二〇一二）年に三島由紀夫作の「サド侯爵夫人」を演出し、また、こまつ座と共同で上演した井上ひさし作の「藪原検校《やぶはらけんぎょう》」に栗山民也の演出で主演。平成二十六（二〇一四）

年には、川村毅の「神なき国の騎士――あるいは、何がドン・キホーテにそうさせたのか?」の演出と主演、平成三十(二〇一八)年には、井上ひさし作の「シャンハイムーン」に、栗山民也の演出で主演し、いずれも好評だった。

令和三(二〇二一)年十二月、翌年三月末で、芸術監督を退任する事が発表され、世田谷パブリックシアターでの活動に区切りを付ける事になった。

枠を超え

萬斎の活動は、狂言師・俳優といった枠を超えている。

平成十五(二〇〇三)年、毎週月曜から金曜まで、NHK教育テレビで子ども向け番組「にほんごであそぼ」の放送が始まった。ベストセラー『声に出して読みたい日本語』の著者である教育学者の齋藤孝を総合指導に、楽しみながら日本語の豊かな表現を身に付けてもらうことを狙った、それまでに無いスタイルの番組だ。萬斎を始め、講談師の神田山陽、落語家の柳家花緑ら若手の伝統芸能の演者が出演し、子どもでも興味を持てるような工夫をしながら、古今東西の名作・有名な詩歌の一節・伝統芸能の中の言葉などを紹介するという構成だ。萬斎は、奇抜な縦縞の燕尾服で登場し、まずビジュアルから子どもたちの心を捉えた。

この番組の中で萬斎が唱えた「ややこしや　ややこしや」という言葉は、シェイクスピアの「間違いの喜劇」を翻案した演劇作品「まちがいの狂言」の中で使われている囃子言葉だ。萬斎の世田谷パブリックシアター芸術監督就任を記念して、この作品が再演された初日の終演後のパーティーで、まだ二歳だった萬斎の長男・裕基と、作品を翻案した高橋康也の五歳の孫が、突如身ぶり手ぶりで楽しそうに「ややこしや　ややこしや」と謡い出したことがあった。子どもでも思わず口ずさみたくなる言葉だったのだろう。それをみた萬斎が「これは絶対にブレークする」と確信し、NHKに提案したという。萬斎の直感通り、「ややこしや」は人気となった。


令和元（二〇一九）年十月二十三日、新天皇の「即位礼」に列席した外国からの賓客を招き、ホテルニューオータニで、安倍晋三首相（当時）主催の晩餐会が開かれた。萬斎は、そこで行われた文化行事の総合アドバイザーを務めた。

萬斎の発案で、「時代を超えて共存する日本の伝統文化の特徴を背景として、その歴史的流れを表現する」として狂言・歌舞伎・文楽による「三番叟」の共演、「親から子へ継承される日本の伝統文化の特徴を背景として、親子の演者による共演を披露する」として能「石橋《しゃっきょう》」が演じられた。萬斎は、自ら「三番叟」を演じた。

萬斎は、二〇二〇年東京オリンピック・パラリンピック開・閉会式の演出を統括する「チーフ・エグゼクティブ・クリエーティブ・ディレクター」にも選ばれた（その後、オリンピック・パラリンピックの一年延期や開・閉会式の規模縮小などから役割と肩書が変わり、最終的には退任）。


垣根を超えて活躍する萬斎だが、狂言以外の舞台では、狂言師が劇に出ているのか、狂言の技術を有する俳優という意識なのかと問われた時、狂言師が役者をやっているというスタンスは崩していないと明確に答えている。技術の拠りどころは狂言なので、「狂言師という言葉以外を名乗る気持ちはありません。役職名として世田谷パブリックシアターの芸術監督ですとは言いますが、決して自分を舞台俳優や映画俳優、演出家とは思っていませんね」と言う（『狂言三人三様　野村萬斎の巻』）。

そして、「僕自身は、スターシップと言うか、『狂言界の広報部員』でもいいんですが、世の中に存在を知ってもらいたい。その上で、お客さんがいらして僕の狂言を好きになっていただくのもいいし、あるいはそこで共演している父やほかの方の狂言を観て、『狂言はすごい』『野村萬斎もたいしたことないな』などと、そういう関係ができればいいと思うのです」とも語っている（「婦人公論」平成7年1月号、中央公論社）。

ある敏腕プロデューサー

一般の芸能の世界では、活動を円滑にするために、芸能事務所に所属しているか、個人事務所を持っていて、マネージャーが付いている。マネージャーがプロデューサー役を務め、芸能人をコントロールする場合もある。しかし能楽界には、そういった形のマネージャーは存在しないし、必要とされてもいなかった。

シテ方の流儀や家では、「〇〇会」と言われる組織があり、所属する能楽師間の連絡・調整や事務処理をする事務職員がいる。多くは、能楽堂を持っており、その管理・運営もしている。しかし、芸能事務所のマネージャーのように、個々の能楽師のスケジュール管理や調整、「営業」に回ったりする事はない。主催する公演もあるが、曲目や出演者の選定は、宗家（家元）や当主ら能楽師たち自らが行うから、いわゆる制作に関わる事も、あまりない。求められる能力は、事務・調整・営業よりも、いかに能楽界の約束事や人間関係を知っているかという事だ。

シテ方に限らず、ほとんどの能楽師は、出演の連絡や調整を自分でするのが当たり前だ。シテ方は、個人で能の公演を主催することもあるが、それでさえ年一回程度だ。ワキ方・囃子方となると、シテ方から声が掛かるのを待つしかない。

子どもの頃から一緒の役者同士が、すべてを直接「阿吽の呼吸」で進めれば、事は足り、外から入った人間が介在する余地はない。経済的にも、個人でマネージャーを雇う余裕も無いし必要もない。能楽師に連絡する時は、個人宅に電話を入れ、家族が対応する。

狂言方でも、事務員を雇っている場合は少ない。しかし、萬斎の父・万作が主宰する「万作の会」の事務所には、事務局長格のベテランを始め、数人の事務員が詰めている。連絡・調整だけでなく、自前の狂言会の制作にも関わっている。

それでも、萬斎のように、映画・テレビ・演劇にまで幅広く活動するとなると、それだけでは無理がある。一般の芸能界と能楽界とは、常識も、勝手も、人脈も、すべてが違う。従来のような能楽界における人材では、とても対応できない。そこで、萬斎は自分自身では気が付かない才能を引き出し、新しい方向へ飛躍させてくれる人物に身を委ねる事にした。

演劇プロデューサー・北村明子だ。

「興行は水物」という言葉が罷り通る演劇の世界で、北村は自らプロデュースした公演を悉《ことごと》く黒字にし、しかも質的にも高い評価を得ている敏腕プロデューサーだ。経営するシス・カンパニーは抜群の営業力でも知られ、俳優の堤真一や脚本家の三谷幸喜らが所属している。

萬斎は、このシス・カンパニーに、演劇・映画・テレビ・CMなど、狂言と世田谷パブリックシアターの芸術監督以外の仕事のマネージメントを任せている。こういった形を取っている能楽師は稀だ。

北村は、元は劇団文学座研究所出身の女優で、女優業の傍ら映画制作にも関わっていた。その頃、演出家の野田秀樹率いる劇団「夢の遊眠社」からマネージメントを依頼された。野田の活動の評価は高かったものの、旗揚げから十年を経ても団員を食べさせて行く事が出来なかったのだ。まずは劇団に映画放送部として「えーほーしよう会」を作り、マネージメントに乗り出した。テレビに劇団員を売り込み、どんな小さな役でも厭わずやらせた。売り上げはどんどん伸び、三年後の平成元（一九八九）年に、「シス・カンパニー」として独立し、社長に就任した。「シス・カンパニー」の「SIS」は、「Strategic Information System＝戦略情報システム」の略。北村が情報を重視している事を象徴している。

平成四（一九九二）年に、夢の遊眠社が解散したため、元劇団員以外も受け入れ、業務を拡張した。平成十（一九九八）年からは、独自のプロデュース公演も始めた。

萬斎は、平成二十三（二〇一一）年に世田谷パブリックシアターで上演された「ベッジ・パードン」、二十五（二〇一三）年に渋谷のシアターコクーンなどで上演された「かもめ」と、北村がプロデュースしたシス・カンパニー制作の作品に出演している。

「ベッジ・パードン」は、三谷幸喜の作・演出。「萬斎で現代劇を」という、北村からの依頼を受け、三谷は「現代人らしく無い現代人」という、三谷が持つ萬斎のイメージを生かし、ロンドン留学中の夏目漱石というキャラクターを設定した。同時に、実際に、漱石の日記の中に頻繁に登場する「ベッジ・パードン」というあだ名の女性の存在を膨らませ、ロンドンに暮らす人々との交流を描いた。

萬斎としては、初めての新作の現代劇。三谷作品の常連である深津絵里、北海道で人気を得てから東京へ進出して来た大泉洋らが相手だった。

この時の萬斎について、演劇評論家の萩尾瞳は「いつも折り目正しくきちっきちっと喋ってきちっきちっと動く。対して、周囲がテンポあげていくと、そこにズレがおきて、なんだかラグタイム・ジャズみたいな軽やかさと楽しさがでてくる。空気が愉快にゆらぐ」と評価した（「悲劇喜劇」平成23年9月号）。

「かもめ」は、ロシアの劇作家・チェーホフの世界的名作だ。湖畔の別荘を舞台に、劇作家と女優、そしてそれを取り巻く人々の群像劇で、人生とは、芸術とは何かを問う。演出はケラリーノ・サンドロヴィッチ。作家志望の青年を生田斗真、女優志望の若い女性を蒼井優、大女優を大竹しのぶ、そして二人の女性の間で心揺れる流行作家を萬斎が演じた。

萬斎のシス・カンパニー以外の出演作品は、ギリシャ悲劇やシェイクスピアなど、狂言の様式性を生かせる作品が多い。その中で、北村は、冷静に萬斎の可能性を見極め、新たな世界へと導いている。

北村は、著書の中で「役者さんひとりひとりの魅力に合わせて仕事を選ぶのは、営業の基本姿勢です。しかし、役者が本来持ちうるキャラクターやこれまで築いたイメージに合わせるだけでなく、逆に新しいキャラクターを開発することを意識して、仕事を選択していくこともあります。本人にも、それまでのイメージを変えるために、考え方を変えるようにアドバイスします」としている（『だから演劇は面白い！』北村明子、小学館）。

萬斎も、北村の営業力と自身も気付いていない新たな魅力を引き出してくれる手腕に期待しているのだろう。

第二章　狂言方の強み

能楽師の格

伝統芸能の中で、最も格式が高いのは、寺社だけでなく、宮中でも演じられる雅楽だ。飛鳥時代以降、仏教と共に大陸からもたらされた芸能が、平安時代に整理され、日本化した事で雅楽は成立した。そこから数えても千二百年にも及ぶ歴史がある。

宮中での雅楽は、貴族や朝廷に代々仕える専業の楽家が担っていた。今でも、日本で唯一、芸能を仕事とする公務員である宮内庁式部職楽部の楽師には、楽家の出身者も多くいる。

しかし、伶楽舎のように国内外で、その芸術性を評価されている演奏団体もあるが、一般的には、神社などで流れるＢＧＭといったイメージが強い。いわゆる「芸能」としての馴染みは薄い。広く「芸能」として認知されている中で、最も格が高いのは能楽だろう。

能楽とは、能と狂言を合わせて言う時の言葉。能と狂言は、天下泰平・五穀豊穣・国土安穏を祈る神事芸能として平安時代末に登場した「翁」の上演を生業とし、畿内各地に幾つも生まれた「猿楽」の一座が、余技として演じ始めた芸能。

娯楽として広く人気を呼び、室町時代に入ると、能の観阿弥・世阿弥の親子が、三代将軍・足利義満に寵愛されたのを契機として、大きく飛躍を遂げる。その後も、豊臣秀吉ら武家の庇護を受け、江戸時代に入ると、将軍の代替わりや世継ぎ誕生の祝賀など、儀式に欠かせない「武家の式楽」となった。

それと共に、「五座（観世・金春・宝生・金剛・喜多座）」の体制が整い、そこに属する能・狂言役者は幕府の「お抱え」として知行所（領地）・扶持・配当米を与えられた。

特に、シテ方の宗家（家元）は、拝領屋敷があるほどの厚遇を受け、大名・旗本並みの格式も許されていた。他にも、大藩を中心に各藩の「お抱え」となる能・狂言役者は多かった。能・狂言役者は、概ね武士の身分にあり、他の芸能の役者とは一線を画していた。

それだけに、明治維新に伴う幕藩体制の崩壊の痛手は大きく、存亡の危機に瀕した。

失業した能・狂言役者の中には、時代の変化に付いて行く事ができなくて、苦しい生活を余儀なくされた者、職を変える者も多かった。

天覧を目指せ

明治に入り、少し世の中が落ち着いて来ると、芸能、特に能楽と歌舞伎との間で、「天覧」を目指す動きが活発になる。新体制の頂上に祀り上げられた明治天皇にご覧いただく事が、新政府からのお墨付きを得る事になると考えたのだ。

能楽は、中級公家の出身で明治政府の実力者になった岩倉具視や加賀藩の藩主だった前田斉泰《なりやす》ら、公家・大名出身の華族が後押しした。それに対し歌舞伎の後ろ盾となったのは、中・下級武士から明治政府の首脳に駆け上がった井上馨・伊藤博文・寺島宗則らだった。

これは、江戸時代における能楽と歌舞伎の立ち位置の違い、それを支えた階層を反映していた。武家の式楽だった能楽は、武家に限らず京の公家社会でも受け入れられていた。御所は、能舞台を設えられるようになっていて、京在住の能役者が出入りしていた。狂言方の茂山千五郎家には初参、つまり初めて天皇の前に参じ、狂言を演じた子どもに褒美として与えられた御所人形が今でも残っている。

江戸時代中期には、木版印刷技術の発達に伴い、能楽の謡本も広く出回るようになり、全国津々浦々で稽古する事が出来るようになった。謡の一節は、寺子屋でも教えられた。しかし興行そのものについては、京・大坂を除けば、百姓や町人が実際に舞台を観る機会はほとんどなかった。武士の中でさえ、地方の中・下級武士だった井上・伊藤・寺島らにとっては、縁遠かった。井上らが、特別な教養もいらず、馴染みやすかった歌舞伎に肩入れしたのは自然の成り行きだっただろう。

維新に功績のあった臣下の邸宅への明治天皇の行幸は、明治四（一八七一）年の三条実美・岩倉具視邸を皮切りに、旧大名・公家邸、更には士族邸へと広がり、年数回の頻度で続いた。はじめは余興が無かったが、やがて放鷹や鴨猟も披露されるようになった。

その中で、明治九（一八七六）年、二度目の岩倉具視邸行幸の際「天覧能」が催され、梅若実・宝生九郎らが能「土蜘蛛《つちぐも》」や半能「熊坂」などを演じた。初めての芸能の「天覧」だった。

「天覧能」は、存亡の危機から、まだ脱していなかった能にとって一筋の光明となった。その価値が見直されるきっかけになったのだ。明治十四（一八八一）年には、岩倉具視や前田斉泰らが中心となり、旧公家・大名らによる後援団体「能楽社」が設立され、活動拠点として、芝公園の一角に芝能楽堂が建てられた。それまでの寺社・城・大名屋敷などにあった能舞台では、観客が座る「見所」と呼ばれる広間は、舞台とは庭を隔てた別棟にあった。芝能楽堂は、舞台と見所が一体化した、初めての劇場形式の「能楽堂」だった。

この頃から能役者も、「能楽師」と呼ばれるようになった。

能楽に続いて、歌舞伎にも天覧の栄誉に浴させようという動きが具体化した。明治十三（一八八〇）年六月、薩摩の下級武士出身で、外務卿などを務めた寺島宗則邸への行幸の際に上演しようと計画が持ち上がった。

しかし、これは岩倉具視の耳に入るところとなり、横槍が入った。明治天皇の公式記録である『明治天皇紀』には、次のように記されている。

「初め宗則、同僚二三に謀りて演劇を天覧に供せんとす、右大臣岩倉具視之れを聞くや、其の技の卑俗にして風教を害すること少からざれば、改良の暁は知らず、現今の状態にては天覧に供するを不可なりとし、書を宮内卿徳大寺実則に致して、既に決定せりや否やを問ふ、実則始めて聞知せる旨を告げ、且具視の意見を賛し、叡慮の如何を候せんこ

とを答ふ、天皇之れを止めしめたまふ」（『明治天皇紀　第五』明治13年6月9日条、宮内庁編、吉川弘文館）

「演劇」とは歌舞伎の事。「同僚二三」とは、恐らく伊藤博文や井上馨らの事だろう。旧公家の実質的な代表者であった岩倉の政府内での力は強く、さすがの伊藤たちも引き下がらざるを得なかった。

歌舞伎と能

江戸時代、芝居小屋は遊郭と並ぶ「二大悪所」とされていた。公序良俗に反すると見られ、役者たちは身分不相応な派手な暮らしをしているとして、取り締まりの対象となっていた。

明治維新によって四民平等が掲げられ、旧来の身分制度が廃されると、それを契機に、歌舞伎の世界では、日陰者から脱皮しようと、演劇改良の動きが始まった。推進したのは、後に「劇聖」と讃えられる市川團十郎や座元（興行主）の守田勘彌だった。歌舞伎の荒唐無稽な筋立てを止め、史実や時代考証に即した「新史劇」を上演した。化粧をせず、見得も切らずに「勧進帳」を演じたりもした。それでも、岩倉らは改良不充分と見ていたのだ。

伊藤博文の指示で、明治十九（一八八六）年には、團十郎らを後押しするため、「高尚優美」を旗印とした「演劇改良会」が設立された。会には、ジャーナリスト・政治家で、後に伊藤の娘婿となる末松謙澄が事務局長のような形で入り、会員には伊藤の盟友で発足したばかりの第一次伊藤内閣で外務大臣を務めていた井上馨、英文学者で日本における西洋演劇研究の草分けとなった坪内逍遥、財界の大物・渋沢栄一ら、錚々たる顔触れが並び、演出や脚本の改良を提唱した。

翌年の明治二十（一八八七）年、井上馨邸への行幸に際し、再び「天覧歌舞伎」が計画される。四年前に岩倉具視は亡くなっていて、もう横槍を入れられる事もなかった。それでも井上は、今度こそは間違いなく実現できるよう周到に計画を進めた。庭に能舞台を仮設する事とし、天皇に「歌舞伎・狂言二者中叡慮の選びたまふ所に随ひて天覧を迎がん」と奏上したのだ。天皇は、何事においても、公に問われて自分の好みを述べる事などしないのが慣習だった。「馨の意に任す」としか答え様がなかった（『明治天皇紀第六』明治20年4月26日条）。

四月二十六日、「天覧歌舞伎」が実現し、市川團十郎・尾上菊五郎・市川左團次らが

「勧進帳」「北条高時」などを演じた（同）。大衆芸能である歌舞伎を天皇が「ご覧になった」のだ。早速、その様子を絵師が想像を膨らませて絵にし、錦絵として大々的に売り出された。それほどの大事件だった。

この前後から歌舞伎の世界では、「土蜘《つちぐも》」「船弁慶《ふなべんけい》」「身替座禅《みがわりざぜん》」など、「高尚優美」の手本とされた能・狂言から取った演目が数多く作られた。これらの演目は、能舞台の背後にある鏡板を模し、松が描かれた羽目板を舞台装置として使う事から「松羽目物《まつばめもの》」と呼ばれた。

團十郎の演劇改良の試みは、荒唐無稽、天衣無縫といった歌舞伎本来の魅力を殺してしまう事になり、大衆が求めるものとは真逆で、結果的に挫折の道を辿るが、松羽目物は好評で今でも演じ続けられている。

しかし出来上がるまでには苦労があった。手本としたくとも、歌舞伎役者が能楽師から公に教えてもらうことは出来なかった。團十郎が、幕末に能「安宅」をもとに作られた松羽目物の先駆け「勧進帳」を手直ししようと、人を介して「明治の三名人」の一人と言われた宝生流宗家の宝生九郎に依頼するが、断られる。

大正時代に入ると、「明治になって九代目の團十郎が勧進帳の足取について宝生九郎に教授を頼むと、宝生は口で教える訳には行かぬので自分が一回舞って見せたばかりであった」という記事が新聞に掲載された（「やまと新聞」大正4年8月15日付）。これは事実とは異なっていた。確かに話はあったが、依頼そのものを断っていたので、「舞って見せた」事もなかった。九郎は、断った事について、雑誌で、次のように弁解している。

「私は昔の習慣を墨守して飽く迄も俳優をさげしむ結果、團十郎に能なり仕舞なりを教える事を拒むのではない。（中略）私が教授を拒む理由はさる浅薄《あさはか》なものではない。一口に云えば團十郎に能の真似が出来得ないからである」（「能楽画報」大正4年9月号、能楽通信社）

いずれにせよ、新聞に載ったような伝説が作られ、それがまことしやかに流布したのも、世間が能と歌舞伎は「格が違う」と認識していたからに他ならない。

だが、昭和になると、その垣根は低くなり、私的な交友も進み、戦後は能楽師に稽古を付けてもらう歌舞伎役者も珍しくなくなった。それでも、戦後に至るまで社会的評価の違いは残った。

これを端的に表しているのが、文化関係者への最高の栄典である「文化勲章」が授与されるようになった順番だ。昭和十二（一九三七）年に制定された「文化勲章」は、戦前まで学者や画家がほとんどで芸能人はいなかった。芸能人が受賞したのは、戦争中の一時中断を経て、戦後第一回目となった昭和二十一（一九四六）年の事。受賞したのは、当時の能楽界を代表する名人の、初世梅若万三郎。歌舞伎はそれから三年後の二十四（一九四九）年、六代目尾上菊五郎が最初だった。

昭和も時代を下ると文化勲章においても、歌舞伎役者の受章者数が能楽師のそれを圧倒するようになる。これは、歌舞伎の社会的評価の高まりと相対的に、能楽の一般的な認知度が低下して行った事を反映しているだろう。

それでも対外的には、日本を代表する伝統芸能の第一は能楽であり続けた。ユネスコの「無形文化遺産」の前身となる「人類の口承及び無形遺産に関する傑作の宣言」リスト第一回にも、日本政府は能楽を推した（中国は「崑曲」、韓国は「宗廟礼楽」）。人形浄瑠璃文楽と歌舞伎が選ばれたのはその後だ。

歌舞伎の演技術

能楽師は、その役割によってシテ方・ワキ方・囃子方・狂言方に分かれる。しかし、演劇・映画・テレビなど能楽界以外で活躍しているのは、萬斎の他にも狂言方ばかりだ。

京都を拠点とする茂山千五郎家の一門の茂山宗彦《もとひこ》・逸平《いっぺい》兄弟はNHKの連続テレビ小説に度々出演している。宗彦は、「ふたりっ子」で天才的な若手将棋棋士、「ちりとてちん」で若手の落語家を演じ、イケメン狂言師として話題になった。逸平は小学生の時、「京、ふたり」で主人公の弟役を演じ、新聞に「天才少年狂言師」と書かれた。

萬斎の又従弟に当たる和泉元彌は、平成十三（二〇〇一）年のNHK大河ドラマ「北条時宗」の主役に抜擢され、一躍脚光を浴びた。

いずれも狂言方ばかりだ。後述するように、萬斎の父である万作と伯父の萬は、若い頃、芸術性の高い演劇に出演していたし、宗彦と逸平の祖父の四世千作、その弟の二世千之丞は、演劇から映画、テレビまでジャンルを問わず幅広く活動していた。

一方、狂言方以外で他ジャンルでの活動が目立つのは、シテ方の観世寿夫と栄夫の兄弟くらいしかいない。それも芸術性の高い演劇や映画に限られている。能楽師の職能団体である能楽協会の会員数において、シテ方は七割を占める。圧倒的に人数が多いにもかかわらず、シテ方の中から、幅広く活躍する人間が出ないことには、理由がある。

現在の日本で一般的に「演劇」と認識されているのはセリフ劇、それも「スタニスラフスキー・システム」という演技理論に代表される、十九世紀のヨーロッパで生まれたリアリズム演劇だ。明治時代に日本に紹介され、戦後しばらくの間まで演劇の主流だった新劇もこれに倣った。

リアリズム演劇は、「真に迫った演技」という言葉があるように、如何にその役に成り切るか、たとえそれが実際に本物とは異なっていても、観客から見て本物と思えるように演じることが大事だった。

映画でも、これを手本として、本物らしく見えることが求められた。黒澤明監督の「七人の侍」などは、まるで戦国時代の記録映画のように「本物らしく」見える。東宝ニューフェースに合格し、ずぶの素人から映画俳優になった主演の三船敏郎を除けば、全員が新劇など、いわゆる演劇出身の俳優だ。その後、登場したテレビも、当初は演劇や映画出身の俳優が主流だったから、同じ演技術が受け継がれた。

日本の伝統芸能の中で、最もリアリズム演劇に近いのは、江戸時代までは「芝居」と呼ばれていた歌舞伎だ。歌舞伎は、独自の様式性を持ってはいるが、セリフ劇という点においてはリアリズム演劇と変わりは無い。

男が女の役を演じる女形も、本物の女とは違うが、舞台上では、生身の女より女らしく見えるよう工夫されているなど、リアリズム演劇とは違うが写実性があり、それが解り易さにもつながる。歌舞伎は、江戸や京・大坂といった大都市の庶民が、一人ひとり木戸銭を払って観る「興行」として成立したため、誰もが楽しめる解りやすさが求められたのだ。

その演技術は、映画にも応用できる。昭和二十〜三十年代に掛けての映画全盛期には、中村錦之助（後の萬屋錦之介）・市川雷蔵・中村鴈治郎ら、歌舞伎役者が続々と映画に出演し、すぐにスターになった。中には錦之助や雷蔵のように、歌舞伎界に戻らなかった者もいた。

その後も六代目市川染五郎（後の二代目松本白鸚）が、ミュージカル「ラ・マンチャの男」に千三百回以上主演したり、ＮＨＫ大河ドラマ「黄金の日日」「山河燃ゆ」で二度にわたり主役を演じるなど活躍した。弟の二代目中村吉右衛門もテレビ時代劇「鬼平犯科帳」の火付盗賊改方・長谷川平蔵を当たり役とした。最近でも、片岡愛之助は大ヒットドラマ「半沢直樹」で官僚を憎々しげに演じ話題を呼んだ。女形の坂東玉三郎はテレビにこそほとんど出ないが、芸術性の高い演劇や映画に出演し、高い評価を得ている。歌舞伎役者は、演劇・映画・テレビでも即戦力なのだ。

歌舞伎は、興行として育まれたため、観客が望むものであれば、どんなものでも貪欲に取り入れ、逆に望まれなければ消えて行く歴史を繰り返し、形作られて来た。今でも、観客の嗜好に合わせ、どんな形にでも変化する可能性を秘めている。だからこそ、歌舞伎役者たちは、求めに応じ、演劇・映画・テレビに柔軟に対応する事ができる。

能と狂言

では、能楽師の演技術は、どうだろうか？

能・狂言は、一つの芸能を母体に、およそ六百数十年前の南北朝時代頃に分離したとされる。しかし、分離した後も、別々の道を歩む事はなく、併せて上演され続けて来た。

能は、セリフ劇ではなく、舞と謡を中心とした歌舞劇だ。西洋のオペラやミュージカルとは違う独自の抽象性と様式性を持つ。独自性が強く、能は演劇の範疇には入らず、飽くまで「能」という芸能だという考えもあるほどだ。

能は室町時代初期、三代将軍・足利義満と観阿弥・世阿弥親子が出会って以来、将軍や大名を庇護者としたため、その教養に合わせて芸術性が高まった。江戸時代に入ると、精神性を重んじる大名たちの嗜好に合わせ、極限まで無駄を削ぎ落とした芸能と言われるほど、抽象性と様式性を増した。

背景は、常に鏡板という羽目板に描かれた松だけ。装束と呼ばれる衣装にしても、歌舞伎の衣装のように本物に似せたりはしない。例えば鎧兜姿の武将も、それらしいのは太刀を差していることくらいで、あらかじめ知っていなければ、武将だとは気が付かないかもしれない。大掛かりな舞台装置もない。あるのは、竹と布で出来た簡素な「作り物」だけだ。

全ては約束事によって成立しているのだ。これを知らないと、何だか解らない、という事にもなりかねない。観客は、想像力を膨らませて見なければならず、これが「能は難しい」と言われる原因でもある。

そして能を演じるには、シテ方・ワキ方・囃子方が欠かせない。狂言方もほとんどの曲に登場する。

シテ方には、様々な役割がある。シテは、主役であると同時に演出家でもある。それに連なるのが「シテヅレ」。八人ほどが揃って謡う「地謡《じうたい》」、それを率いる「地頭《じがしら》」、文字通り後見役である「後見」などもシテ方の役割だ。

ワキ方は、シテの相手役であるワキ、それに連なる「ワキヅレ」をつとめる。

囃子方は、笛・小鼓・大鼓・太鼓に分かれ、それぞれの楽器を演奏する。

萬斎を目当てに来たファンが、萬斎が狂言ではなく能に出ているのを見て驚くことがあるが、狂言方は能にも登場する。他の役と同じように「方」と付いているのも、あくまでも能楽の一座の中で一定の役割を果たす存在である事を示している。

能における狂言方の役割は、「アイ（間）」と呼ばれる。「末社の神《しん》」という位の低い神様などを除けば、「里の男」「所の者」といった名も無き男の役の場合が多い。また、前述したように「翁」では「三番叟」も演じる。

シテ方の演技術

能は、摩訶不思議な芸能で、同じ舞台に立つ役者であるにもかかわらず、シテ方・ワキ方と狂言方の演技術は大きく違っている。

シテ方とワキ方の演技術は、全体的に独特の強い様式性、抽象性を持っている。西洋音楽の歌に匹敵する「謡」には、曲が付いている「節」と、付いていない「コトバ」の部分がある。「コトバ」と言っても、写実的なセリフ術ではなく、独特の抑揚が付く。

近代の能楽界きっての理論家だったシテ方の観世寿夫は、

「江戸中期以後においては観客が限られた層にのみ限定されます。それらの観客は上演曲目のストーリーのみならず詞章さえ半ばおぼえている人が多くなり、演者側としては詞章をはっきり発音するといった基本技術より、デテイルの雰囲気や感情を表出する方が喜ばれる状態となります。いきおい末梢的技術にばかり走る結果を生むわけです。そうしたやりかたは現代にまで尾を引いていて、ですから現在の能の発声は決してよりよい姿で伝えられていない面が多いのです」とし、その結果として「謡というと何故か口をすぼめて口の中に声をこもらせて発音する人が多いのですが、あれは大変に間違っているわけで、音ははっきり明瞭に出さねばならない」と指摘している。さらに、能の謡は「あくまで古文にくっついた朗誦法でしかなく、現代の日本語を話すこととはなかなか結びつきにくいのです」と記している（「悲劇喜劇」昭和47年10月号）。

動作も、極めて抽象的・様式的で、柔軟性は無い。最も美しく見えるよう長い年月の間を掛け工夫されて来た「型」に従い、動く。そこに収斂して行くように稽古するのであって、個人的な自由や工夫の幅は限られている。何も語らず、動かなくても、内面から何かがにじみ出る、それこそが芸の神髄とされる。

狂言方の演技術

一方、狂言方の演技術は、「セリフ」と「しぐさ」と呼ばれる動作によって成り立っている。「型」があり、表情を作ったりせず、独特の様式性はあるもののシテ方やワキ方の演技術と比べると写実的で柔軟性もある。

狂言研究者として知られる田口和夫は、狂言の発声について「狂言を見て、まず印象づけられるのは、セリフが力強く、よく透ることであろう」とした上で、「発せられるセリフは、口をはっきりと開閉して明晰に発声するので、能の場合にまま見られるような、含んだ発声にはならない」と能との違いを分析している（『岩波講座 能・狂言V 狂言の世界』小山弘志・田口和夫・橋本朝生、岩波書店）。

同じ狂言研究者の林和利は、狂言の技術について、様式的な能に比べてはるかに写実的な演技で表現すると指摘し、その写実性について、

「笑い、怒り、恐怖、悲しみなどの感情表現は、やや誇張的な色合いがあるにしても、いかにもそのように感情が高揚しているかのように演じる。誰が見てもその感情が表現されていると理解できるほどの写実性がある。また、食べる、飲むなどの日常動作は、あたかも実際に食べ物や飲み物があるかのように見せるし、酔う演技にいたっては、本

当に酒がまわっているのではないかと思えるほどである。ゴホゴホと胸をたたいてむせる演技をすれば顔が紅潮することさえある。酔って顔が赤くなる状態を写実的に表現する工夫であろう」と具体的に記している（『人間国宝 野村万作の世界』）。

また、林は、一般の現代演劇や映画、テレビドラマのように、本当にその感情や状況的心理を胸中に湧き起こらせて演じるのではなく、あくまで型として演じているようだとも指摘。熟達した演者が感情や心理を込めることはあっても、初心者の基本は出来上がった固定的な演技で、その意味では確実に様式的演技といえる、という。

抽象的で柔軟性が無いシテ方やワキ方の演技術は、演劇や映画、テレビでは使えない。むしろ邪魔になる。それに対し、写実性があるセリフ劇であり、歌舞伎ほどではないにしろ柔軟性もある狂言方の演技術は、それらにも対応できる。さらに独自の様式性は、演劇の役者が真似ることができない個性として評価される。これが、狂言方だけが縦横無尽に活躍できる理由だ。萬斎の活躍も狂言方であるからこそなのだ。

「世阿弥の再来」

シテ方でありながら、戦後間もない頃から果敢に他の分野に挑戦したのが、観世寿夫と栄夫の兄弟だ。

二人は観世宗家に血筋が近く、唯一、「分家」と認められている名門・観世銕之丞家の長男・次男として生まれた。二人には、後に家を継いで「人間国宝」となった静夫（後の八世銕之亟）という弟がいる。

寿夫は理論家で、芸に秀でているだけでなく人望もあり、流儀を超えて多くの能楽師が行動を共にした。「世阿弥の再来」とも言われるカリスマだった一方で、積極的に演劇の舞台にも立った。しかし、惜しくも昭和五十三（一九七八）年十二月、能楽師としては円熟期を迎えようとしていた五十三歳で亡くなった。死後、設けられた「観世寿夫記念法政大学能楽賞」は、能楽界では最高の栄誉とされる。

栄夫は、平成十九（二〇〇七）年、七十九歳でこの世を去った。能だけでなく演劇・映画・テレビの世界を自由に行き交いながら活躍した。

戦後、まだ若かった二人は、社会が大きく変わって行く中で、能も改革しなければ生き残れないという危機感を抱いていた。寿夫は、近代になって成立した「素人弟子＝観客」という構造について「これでは、単に謡を習う者がふえて能会が盛大になっても、決して能の良さが本当に受け継がれているとは考えられないし、将来も正しい伝統を維持していけるとは到底考えることはできない」と記している（『観世寿夫著作集三』観世寿夫、平凡社）。その危機感から、二人は、他の芸能の演者だけでなく、幅広い意味の文化人とも交流を深めた。従来とは異なる視点から、能とは何かを追求・模索し、正しい伝統を維持して行くための手掛かりを摑もうとしたのだ。

しかし、歩んだ道は違っていた。寿夫は、飽くまで能楽界に踏み止まったのに対し、栄夫は能楽界内の流儀に止まらず、ジャンルの壁をも乗り越えて行った。これは勿論、性格もあるが、同じ家に生まれながらも、長男と次男という置かれた立場の違いも強く影響している。

江戸時代まで、能・狂言の役者たちは、能こそが今日で言う「芸術」だと自負していた。「芝居」と呼ばれていた歌舞伎の写実性を否定し、子ども騙しの娯楽として、低く見ていた。他の芸能を否定する姿勢は明治維新以降も変わらなかった。演劇・映画への出演にも、全く興味を示さなかった。

しかし戦後になると、その意識が少しずつ変化し始める。その先駆けとなったのが寿夫の演劇への挑戦だった。今に至るまで、これほど数多くの演劇作品に出演したシテ方はいない。丁度、能独自の様式性に着目し、実験的な演劇に能楽師を起用して新境地を開こうとする演出家が現れ始めていた頃でもあった。

昭和三十（一九五五）年十二月、「円形劇場形式による創作劇の夕べ」と題した公演が、産経会館の国際会議場で行われ、「月に憑かれたピエロ」が上演された。演出は武智鉄二が務めた。

武智は、大阪の資産家の家に生まれ、能・狂言・歌舞伎・文楽など伝統芸能への造詣が深く、京都帝国大学を卒業すると、すぐに評論活動を始めた。戦中・戦後は、私財を投げ打って「断絃会」を主宰し、役者たちを経済的に支援した。

戦後、本格的に演出も手掛けるようになり、ジャンルを超越した実験的な作品を次々と生み出したが、「問題作」と形容されるような作品が多く、「芸術とは何か」という難問を世に突き付け、困惑するのを面白がっているかのようだった。その作品に対する評価は分かれるが、異形の天才だった事に間違いはない。

「月に憑かれたピエロ」は、ベルギーの詩人・ジローの詩に、オーストリアの作曲家であるシェーンベルクが曲を付けた前衛的な作品。イタリアの伝統的な即興喜劇であるコメディア・デラルテのキャラクターが登場し、寿夫と野村万作、オペラ歌手の浜田洋子が出演した。

伝統芸能の研究で知られ、優れた鑑賞眼を持つ批評家でもあった横道萬里雄は、この作品について「寿夫と万作がすばらしい共演を見せた。現代音楽と能・狂言の技法を合致させるという試みは、現在ではそう突飛なこととは思われていないが、これが最初の試みだったと言えるだろう」と評価している（『狂言三人三様 野村万作の巻』野村萬斎・土屋恵一郎編、岩波書店）。

昭和三十七（一九六二）年、寿夫はフランス政府の招待で一年ほどフランスに滞在した。そこで、ラシーヌなどの古典に感銘を受けただけでなく、当時の最先端だった不条理劇の旗手のイヨネスコやベケットなど、写実に否定的な新しい演劇の潮流にシンパシーを感じて帰国する。

「一年ほど向こうで、フランスの芝居、またはヨーロッパの芝居っていうのを観て歩いた。そういうことがその時の僕には、自分がこれから能をやっていくための大きな踏み台になっているような気がする」とも語っている（「展望」昭和52年6月号、筑摩書房）。

寿夫は、実際にフランスでの経験を「踏み台」に新たな行動に出た。演劇人や能楽師に声を掛け、昭和四十五（一九七〇）年、ジャンルを超え「冥の会」を結成したのだ。

寿夫が代表となった。演劇からは、フランス文学の研究者で演出も手掛けていた渡邊守章、演出家の石沢秀二、俳優の森塚敏・山岡久乃、能楽からは弟の栄夫と静夫、ワキ方の宝生閑《かん》、狂言方からは野村万之丞（後の初世萬）と万作兄弟に山本東次郎が加わった。

翌年の昭和四十六（一九七一）年、森塚が率い、山岡も所属していた青年座と提携し、旗揚げ公演が行われた。観世栄夫演出の「オイディプース王」だ。大阪毎日ホールを皮切りに関東・関西各地で上演された。

「オイディプース王」は、ギリシャ悲劇でも最高傑作とされ、日本でも度々上演されている。寿夫が「オイディプース」を演じた。弟の静夫、野村万之丞・万作兄弟も出演した。演じるに当たって寿夫は「能役者であるからといって、能の演技の様式をあてはめて役をつくることはできる限りさけたいということでした。勿論、今度の場合、能の技術がそのまま応用できる筈もないのですが、それ以上に能を離れた稽古をしたい――そして自分自身の自覚しない間に、私がこれまで能を演ってきた何ものかが生きるとすれば、それがもっとも良いことではないかと思ったのです」と記している（「テアトロ」昭和46年10月号）。

「冥の会」は、その後、紀伊國屋書店と提携し、新宿の紀伊國屋ホールで、昭和四十七

（一九七二）年に「アガメムノーン」、同五十（一九七五）年に「メデア」とギリシャ悲劇を上演して行く。いずれも、演出は渡邊守章だった。

「アガメムノーン」は、ギリシャ全体に権力を誇ったミュケーナイの王アガメムノーンに起こった悲劇を描いた作品。寿夫は妻のクリュタイメーストラを演じた。

武智鉄二は、「アガメムノーン」についての評で、能は「未成熟な演劇」とした上で、「したがって、能役者の演技力も、きわめて表現の振幅が狭く、ことに外延的な、プロット的演劇を表現して行くための能力は全く欠いている。その点、同じ中世劇でも、狂言の方が、いくらかその方向にはむいているようである」と記している（「テアトロ」昭和47年9月号）。

「メデア」は夫に裏切られたコルキスの王女メデアの壮絶な復讐劇。寿夫はメデアを演じた。

文学座の演出家の加藤新吉は「これまでの試みが集大成されて、一つの完成度をもった舞台になっていると受けとりました」（「悲劇喜劇」昭和50年10月号）と評価したが、歌舞伎にも詳しい演劇評論家の和角仁《わずみひとし》の批評は手厳しかった。「『メデア』は、演者に卓抜した雄弁術を要求する。（中略）能役者に、果たして朗々たる長セリフがいえるのか」と、疑問を呈し、「寿夫の場合、やはり正直にいって無理であった」「能の発声から離れようとすればするほど、一本調子に流れていく弊を露呈した」としている。しかし、その責任は、役者個人ではなく、自分たちの肉体を充分に生かせない企画を立てる「冥の会」にあると批判した（「テアトロ」昭和50年9月号）。

「冥の会」は、昭和四十八（一九七三）年には、紀伊國屋ホールでベケットの「ゴドーを待ちながら」に挑んだ。ベケットはフランスで活躍したアイルランド出身の劇作家で、「ゴドーを待ちながら」は、その代表作だ。ゴドーという男を待ち続けるウラディミールとエストラゴンに、通りがかりの男が絡んで展開する。最後までゴドーは何者であるかは明かされず、解釈は観客に委ねられている。それまでの演劇の常識を打ち破った「不条理劇」の代表作として、今でも世界中で上演され続けている。

寿夫は、取り上げた理由について「合理的西欧文化とは全く関係ない能や狂言の舞台づくりと何らかのつながりを見出せるのではないか、そこに発見はないか、といった考えがあったからです」と記している（「悲劇喜劇」昭和48年12月号）。

寿夫がウラディミール、野村万之丞がエストラゴン、静夫が通りがかりの男を演じた。

しかし、評価は、あまり芳しくなかった。

能楽研究者の松田存《たもつ》も、難解とされる「ゴドーを待ちながら」に挑戦した三人の情熱や意欲は高く評価しながらも、技術的には「現代的な会話に不慣れな役者たちのぎこちなさや素人っぽさが目立つ結果になった」と総括している。その中で、「対話」や「発声」において、シテ方より狂言方の方が、「一日の長」があると指摘している（「テアトロ」昭和48年11月号）。

その後、「冥の会」は、もっと身近で日本的な作品を——という万作の主張が通り、昭和四十九（一九七四）年には中島敦の「山月記」「名人伝」、五十一（一九七六）年には泉鏡花の「天守物語」を上演する。いずれも栄夫が演出を担当。寿夫は、「山月記」で主役の「李徴」を演じた。

「冥の会」の公演における観世寿夫の演技には賛否両論が渦巻いていた。

昭和五十三（一九七八）年一月、寿夫は、岩波ホールの演劇シリーズとして企画された公演で、「早稲田小劇場」を主宰する鈴木忠志演出のギリシャ悲劇「バッコスの信女」に出演した。鈴木は、世界的に注目を集める気鋭の演出家だった。

寿夫が、主役の酒と演劇の神「ディオニュソス」を演じ、「早稲田小劇場」の看板女優・白石加代子が相手役だった。「バッコスの信女」は、寿夫のシテ方としての技法をそのまま使った。

横道は「大成功だったと思います」と評価している（『日本古典芸能と現代 能・狂言』横道萬里雄・小林責、岩波書店）。シェイクスピア研究で知られる英文学研究者の小田島雄志は「その風格といい、口跡といい、やはり寿夫さんならではのことはあるし、少なくとも前半の緊張感はこの寿夫さんの演技に負うところが多かったという気がします」と高く評価している（「悲劇喜劇」昭和53年4月号）。

元々、鈴木は「写実性」ではなく「様式性」とでも言えるような身体の使い方を重視し、劇団員たちを鍛えていた。そのため「様式性」の極致とも言える能の寿夫に声を掛けたのだった。

寿夫の演劇への挑戦を振り返ると、一定の成果は上げたが、シテ方であるということの限界も見えて来る。「抽象的」「様式的」な演技術を生かすことが出来る作品や演出であるなら、その実力は遺憾なく発揮できるが、そこから外れると対応が難しかった。

しかし、寿夫の演劇に挑戦する当初からの目的である「能とは何か」を問いながら、新しい何かを取り込んでいこうとする事については、間違いなく成果を挙げていた。

寿夫が亡くなった翌年の昭和五十四（一九七九）年二月、演劇雑誌「新劇」で、追悼特集が組まれた。演劇雑誌が、能楽師の追悼特集を組むという事自体が異例で、寿夫の活動が、演劇界に与えた衝撃の度合いを物語っている。

その中の座談会で、万作は、寿夫が、能の「朝長」を演じた時の事に触れ、「語りの部分では、いかにも『ゴドー』のしゃべりを吸収した上で語るところまで行く」「『朝長』の語りなんかを、あんなに、リアルと言っていいかどうかわからないですが、語れるということは、すごいことなんですよね」と語っている（「新劇」昭和54年2月号、白水社）。

掟破りの観世栄夫

次に、弟の栄夫が歩んだ道を辿ってみよう。

昭和二（一九二七）年生まれの栄夫は、戦後、名人とされ、優れた弟子を育てた喜多流の若宗家である喜多実に傾倒し、内々に稽古に通っていた。昭和二十四（一九四九）年には、喜多実の実兄である後藤得三の芸養子となる形で、観世流から喜多流に転じた。

能楽界では、他流の人間に稽古を付けてもらう事が許されないばかりか、演じているのを観る事さえ禁じられている場合もあった。ましてや流儀を変えるなどということは前代未聞の事で、掟破りだった。それが出来たのは、栄夫が名門の御曹司であり、偉大な父と兄の後ろ盾と理解があったからこそだった。

しかし昭和三十三（一九五八）年、栄夫は、今度は十年いた喜多流を離れる決断をする。これについて栄夫は「総合芸術としての能は一人だけうまくなっても不可能で、団体で物事を進めなければさらに無益だと考えたからである。喜多流にいて、喜多流の流儀の行き方が優先されて、演能団体として能を演じてゆく目的意識が希薄であることに気づいた。それは他の流派についても言えることかもしれない」と記している（『華より幽へ 観世榮夫自伝』観世榮夫、白水社）。

喜多流を離れても、観世流に戻る気はなく、能楽協会からも脱会した。能楽師として活動して行くためには、能楽協会の会員でなければならないから、それは能楽界そのものからの離脱であり、二度と玄人として能を演じる事が出来なくなるという事だった。栄夫は「納得のいく能を舞うため、能楽協会を退会する以外に道はなかった。しかし、退会すると能を舞うことはできない。頑固というか、ある種の業にとり憑かれて好奇心を選んだ」と、一見すると矛盾したような思いを記している（同）。栄夫の理想通りに変わる事が望めない能楽界にいるよりも、たとえ先が見えないとしても、外に出る事で打開の道を模索しようとしたのだろう。

能楽界を飛び出た栄夫が選んだのは演劇界だった。それも俳優ではなく、演出家としての仕事が主だった。

これはすべて、自分の目指す能がどうあるべきか、それを求めた結果だという。「ぼくは演出的な視線をもった能があるべきではないかと思っている。演出家が新しいものをやるのではなく、演出的な視線が能に本来なくてはならない」というのだ（同）。

演劇界は、俳優座・文学座・劇団民藝といった戦前からの流れを汲む大劇団を中心に「新劇」の全盛期だった。そして、大劇団から飛び出した演出家や俳優たちが、細胞分裂するかのように、次々と新たな劇団を立ち上げていた。その中で、新進気鋭の演出家だった福田善之も、米倉斉加年ら民藝の研究所出身の若手俳優らと共に「青年芸術劇場」を立ち上げようとしていた。そこに、栄夫は演出家として加わった。栄夫は「青年芸術劇場」の作品を次々と演出したが、これでは食べて行けなかった。当時の新劇俳優たちは、幹部は劇団の経営を維持するために映画やテレビに出演し、若手はアルバイトをしながら生活している状態だった。

栄夫が、この頃から俳優としてテレビに出始めたのも、当初は生活苦からだった。テレビでは時代劇への出演が多く、特にＮＨＫ大河ドラマには、昭和四十一（一九六六）年に放送された第四作「源義経」から、五十四（一九七九）年に能楽界に復帰するまでの間、毎年のように出演している。しかしいずれも脇役で、重要な役は少なかった。それでも出演し続けたのは、生活の問題もさることながら「映像には映像のおもしろさがある」という栄夫の貪欲な好奇心からだった。

同じ映像でも、栄夫が俳優として本腰を入れたのは映画だった。初めて出演したのは、昭和三十七（一九六二）年に公開された勅使河原宏監督の「おとし穴」だ。同い年の勅使河原が卒業した東京美術学校は、栄夫が在籍していた東京音楽学校とは道を隔てて隣にあり、この頃からの付き合いだった。

それまで、主に短編ドキュメンタリー映画を撮っていた勅使河原にとって、「おとし穴」は、初の長編劇映画だった。芸術活動の一環として映画を撮っていた勅使河原らしい前衛的な作品だ。原作は安部公房。音楽も一柳慧《とし》・高橋悠治といった前衛的な現代音楽の旗手が担当した。栄夫は、「おとし穴」を皮切りに、「砂の女」「忍者武芸帳」「裸の十九才」など三十数本の映画に出演する。監督は勅使河原のほか、大島渚・黒木和雄・

神代辰巳・新藤兼人、音楽も林光・武満徹と、この時代の映画界の一つの潮流だった芸術志向の強い作品を生み出した顔触れだった。

栄夫が出演した作品は、いずれも芸術性の高い名作揃いで、多くが映画専門誌の「キネマ旬報ベストテン」に選ばれている。中でも「砂の女」と「午後の遺言状」は、ナンバー1となり、監督賞も受賞している。スポーツ紙の映画記者が選ぶ「ブルーリボン賞」でも、「砂の女」は作品賞・監督賞、「午後の遺言状」は作品賞を受賞している。

「裸の十九才」は、モスクワ国際映画祭で金賞を受賞して話題になった。しかし、栄夫の役は、「本能」「竹山《ちくざん》ひとり旅」などを除くと、それほど重要な役では無かった。強烈な個性を発する俳優だったが、主役を演じるタイプではなかったのだ。

昭和五十三（一九七八）年に寿夫が亡くなると、その遺志に従い、栄夫は翌年、観世銕之丞家に戻り、二十年ぶりに能楽界に復帰した。

演劇・映画・テレビでの活動について栄夫は「能楽界に復帰するまでも、復帰後もいろいろなジャンルに挑んだ。しかし、能が嫌になったことも、やりたくないと思ったこともない。能と無関係に新劇、オペラ、いろいろ新しい分野の演出に携わっても——能とはいえないかもしれないが——自分の中では能と変わらないと思っていた。何をやっていても能と同じというのは、能的というより、やはり人間の身体を素材として表現するもの――それは声楽や体操まで含めて――として考えていたわけで、その核になるのが能という感じだった」と記している（同）。


寿夫・栄夫が活躍した時代は、まだ教養主義が健在だった。演劇や映画に芸術性を求める観客の層が厚く、それに対応する作品が数多く制作されていた。そういった作品に出演する事によって、芸術性という共通項から、観客を能に招き入れる事も出来た。

しかし、萬斎が生きている今は、教養主義の崩壊が叫ばれて久しく、娯楽性を求める観客にもウイングを広げなければ「狂言界の広報部員」（「婦人公論」平成7年1月号）としての役割も果たせなくなっている。

興行に向く狂言

能は興行には向かない芸能だ。

歌舞伎のように大衆的な人気があり、大勢の観客が集められるわけではない。しかし、その割に制作費がかかる。大半は「出勤料」や「勤め料」と言われる人件費だ。舞台装置や照明はシンプルだが、出演者の人数が多い。能一曲を上演するのに、シテ方だけで、少なくとも十人以上は必要だ。ワキ方、囃子方、狂言方も欠かせず、さらに能の公演では狂言も併せて演じられるのが基本なので、出演者は総勢二十人を超える。そのため、採算ラインまで達する事はあったにしても、それほど儲かるものでもない。

つまり、能は興行会社にとっては旨味の無い芸能なのだ。実際、歌舞伎や演芸を手掛ける松竹は、能の興行にも手を出しかけた事があるが、結局はあきらめた。算盤を弾いてみると割に合わなかったのだろう。

また、能は本来、数百人規模で見るのがふさわしいように出来ている。能楽堂の定員は最大でも五百〜六百人。薪能では、その採算性から千人を超える観客を入れる事も珍しくないが、能面の表情は見えなくなるし、マイクを使ったりするので、能本来の魅力は損なわれる。

その点、狂言は、後見も含め、四人もいれば大概の曲を演じる事が出来る。一部の曲で囃子方が出る以外は、他人の手を借りる事もない。親兄弟と弟子といった身内だけでもできる「ファミリービジネス」だ。出演人数が少なければ、出演料も少なくて済む。

その上、大掛かりな舞台装置もいらず、照明に凝る必要もないので、制作費があまりかからない。

生かせなかった強み

しかし、狂言は、長い間、この「興行に向いている」という強みを生かせない状況に置かれていた。自由な活動が制限されていたのと、狂言の立ち位置、それに関連する客層が原因だった。

そもそも能も狂言も、誕生した時から興行として行われていた訳ではないからだ。前にも記したように、能・狂言は、神事芸能の「翁」を演じるための芸能集団である「猿楽」の座で演じられるようになった。

「猿楽」の座は、初期には寺社、能・狂言が生まれてからは将軍・大名といった武家に庇護されるようになる。興行も行われていたが、経済的には庇護によって成り立っていた。

江戸時代に入ると、能は儀式や行事に欠く事の出来ない「武家の式楽」とされ、主な役者は、幕府や大藩の「お抱え」、現在で言う「公務員」となった。狂言の役者も、「狂言方」として、その中に組み込まれた。「お抱え」となるということは、身分的・経済的安定と引き換えに、活動が制限されるという事で、興行として演じることは、ほとんど無くなった。

江戸幕府の崩壊で、一時は衰退した能だったが、やがて世の中が落ち着いて来ると、シテ方は、華族となって特権を維持した大名ら、江戸時代からの庇護者に加え、新政府の役人や、資本主義の発達によって新たに生まれた会社員といった層に謡・仕舞を教えるようになる。気軽に稽古できる謡・仕舞を入り口に、能の裾野は広がって行った。

これによってシテ方は息を吹き返す。稽古料と「勤め料」と言われる出演料で生活を成り立たせることが出来るようになったからだ。舞台にたくさん出るよりも、裕福な素人弟子を多く持った方が羽振りが良いという、役者としては本末転倒の状態にさえなった。

しかし、囃子方はまだしも、ワキ方・狂言方に弟子入りする人は少なく、良い後援者でもいなければ、生活は大変だった。昭和の一時期まで、狂言方は、長男を除けば、次男以下は勤めに出て、土日だけ舞台に出るという「兼業狂言方」が普通だった。

明治時代中期以降、東京ではシテ方の流儀や家が、大勢の観客が入れる見所を備えた能楽堂を相次いで建設する。ここを本拠地として、定期的な公演が行われるようになった。そこに詰め掛けた観客の多くは、シテ方の役者に師事する素人弟子や、その知り合い。さながらサロンのようで、一般の興行とは随分と様子が違っていた。そういった観客にとって、狂言は、能の付けたしのようなものだった。狂言の間は、休憩時間でもあるかのように外に出たり、舞台そっちのけで世間話に花を咲かせる観客もいた。

六世野村万蔵も「その頃の能のお客さんっていうのは、狂言は、仕方なしに見ている人で、見たくて見たくてたまらないなんていう人はなかった」と語っている（『能と狂言の世界』横道万里雄編、平凡社）。

そのような状況では、狂言会を開いたとしても、わざわざ見に来る観客などいなかった。

発揮される強み

いくら、狂言は、制作費が少なくて済み、興行に有利だといっても、実際に公演が行われ、経済的に見合うだけの観客が集まらなければ成り立たない。

戦前は、今のように能楽堂や劇場で、狂言だけの公演が行われる事は無かった。

それを打ち破ったのが、萬斎の祖父に当たる六世野村万蔵や十二世茂山千五郎（後の四世千作）・二世千之丞兄弟だ。「狂言会」を開くなどして、その魅力や価値を知ってもらうために活動した。

丁度、「教養人」と言われる人々の中から、柳宗悦の「民芸運動」と同様に、「大衆的」とされ低く見られていた芸能を芸術的に再評価しようとする動きが起きていて、その焦点は狂言にも当たった。それが万蔵らの活動を後押しした。

戦前は一部のエリートだけのものだった「教養主義」が、高度経済成長による中間層の増大と共に広がりを見せ、「教養人」は絶大な影響力を持った。狂言も、それに乗って観客を増やし、「狂言ブーム」と呼ばれるほどになった。

戦後、食べるのも大変な中、野村万蔵家に限らず狂言の家は、その身軽さを生かし、僅かな出演料で、学校を中心に全国を巡演して回った。この地道な努力も、「狂言ブーム」を支えた。

やがて、「狂言会」は、全国各地で頻繁に開かれるようになり、観客を増やして行った。萬斎や茂山家の若手など、メディアの注目を集める狂言師が現れる度に、「狂言ブーム」と言われる盛り上がりが繰り返し訪れている。

能も「素人弟子＝観客」という歪な構造から抜け出て、純粋な観客を育てようと努力はしている。しかし、現状では、素人弟子が減少して行くだけで、その穴を埋め切る事は出来ていない。

それに対し狂言は、教養主義が崩壊した後も、娯楽として定着し、一定数の観客を確保している。「家の子」であれば、専業で食べて行けるほどになった。

狂言の強みは、興行面以外でも発揮されている。仮に萬斎が、シテ方であったとしたら、活動は窮屈になってしまった事だろう。たとえ演劇・映画・テレビなどから声が掛かっても、シテ方内部の立場や他の役との関係などを考慮しなければならないので、自分の都合だけでスケジュールを決めるのは難しい。その結果、活動の幅は、自ずと狭められた筈だ。

特に映画やテレビの撮影では、長い期間を押さえられる。萬斎が、それに対応出来るのも、独自に動き、スケジュールが調整し易い狂言方だからこそという事もある。

第三章　中庸の芸風

狂言の流儀と家

狂言方には大蔵流と和泉流の二つの流儀があるが、シテ方と違い、流儀よりも、「家」の存在が大きい。同じ流儀でも、家によって芸風が違うばかりでなく、同じ曲でも曲名や筋、セリフが異なる場合もあるからだ。家によって、使っている台本が違っていたりする。流儀はそうした家の連合体と言っても良いだろう。

今では流儀を超えた共演は「異流狂言」といって特殊なものとされるが、桃山時代までは普通だった。流儀というものが意識され始めたのは、江戸時代に入ってからのことだ。狂言方には、大蔵流と和泉流の他に、今は途絶えてしまったが、もう一つ鷺流という流儀があった。

鷺流の源流は室町時代初期とされるが、はっきりしない。流儀として確立したのは江戸時代初期の慶長十九（一六一四）年、鷺仁右衛門宗玄が、江戸幕府に抱えられた観世座の座付きとなったことによる。これにより地位だけでなく、経済的な安定も確保し、鷺流は発展していった。

しかし、明治維新後の混乱の中で、鷺流はその荒波を越えることが出来ず、明治時代に十九世鷺権之丞の代で消滅してしまった。現在では、僅かに山口県と新潟県の佐渡島で、素人によって芸が受け継がれているだけだ。

大蔵流は南北朝時代に起こり、室町時代末、十世とされる大蔵彌右衛門が金春座に加わっていたのは確かとされている。江戸時代には、観世座と喜多座を除いた金春座・宝生座・金剛座の狂言方はいずれも大蔵流であったばかりか、諸藩のお抱えの点でも鷺流や和泉流を圧倒していた。

大蔵流は、二十二世宗家の大蔵虎年《とらとし》の時代に明治維新を迎えた。幕府「お抱え」の地位を失った虎年は江戸を出て、代々の知行所（領地）があった奈良に移り住んですぐに亡くなった。息子の虎一《とらかず》は十代で跡を継いで間もなく行方をくらまし、再び能楽界の人々の前に姿を現した時は、すでに五十近くになっていた。その間、実質的には宗家不在だった。

大蔵流で、現在ある主な家は、宗家である大蔵彌右衛門家のほか、茂山千五郎家・茂山忠三郎家・善竹《ぜんちく》家・山本東次郎家の四つ。山本家を除いては、茂山派として一つの芸系になる。

茂山家は、江戸時代初期から京を中心に活動していたとされるが、歴史的に記録が残っているのは後期以降だ。呉服屋に生まれ、茂山家の養子となった千五郎正虎《まさとら》が九世を継いだことで茂山千五郎家は繁栄の道を辿る。茂山家は、御所の御用を勤めながら、町衆の求めに応じ、気軽に芸を見せることによって生計を立てていたが、正虎は、彦根藩主に気に入られお抱えとなった。

跡を継いだ十世千五郎（二世千作）は、狂言の普及に努めた。児童文学者の巌谷《いわや》小波《さざなみ》が命名した「お伽狂言」という名称で、素人の子どもたちに狂言を教え、東京公演も行っている。十世千五郎には子どもが無く、とある菓子屋から産まれてすぐの子を養子としてもらった。後に「人間国宝」となる十一世千五郎（三世千作）だ。続く十二世千五郎（四世千作）も「人間国宝」になると共に、狂言方として初めて文化勲章を受章した。

正侑の弟弟子が興したのが茂山忠三郎家だ。三男が二世を継いだ。忠三郎家は、一時、東京や大阪へ移っていたが、現在は五世で、京都を拠点として活動している。

二世忠三郎の妻の連れ子だった久治は、独立して新たに「家」を興した。久治は、後にシテ方の金春流宗家から「彌五郎」の名を与えられた。名人として知られ、狂言方で初の「人間国宝」となった。

彌五郎には、五人の男子がいた。次男の吉次郎は、流内の人々の御膳立てで、二十三世宗家の虎一の姉の孫と結婚し、養子となった。子どもがいなかった虎一が亡くなると、大蔵彌太郎（後に彌右衛門）として二十四世宗家となった。他の男子の家系は、関東・関西に散らばって活動している。この家系は戦後、彌五郎がシテ方の金春流宗家から「善竹」の名を与えられ姓を改めたのに合わせ、「善竹家」を名乗っている。

茂山派の家が京都を発祥としているのに対し、山本東次郎家は、唯一、東京で生まれた「家」だ。初世東次郎は、豊後国・岡藩の江戸詰の藩士だった。大蔵流の狂言を稽古し、明治維新で一度、国許の竹田に戻っていたが、長男と共に再び上京し「家」を興す。二世東次郎には子どもがいなかったため、弟子の河内晋《すすむ》が養子となり三世を継いだ。三世東次郎は名人を謳われたが、六十代で亡くなったため、顕彰される機会を逃した。その長男の四世東次郎は「人間国宝」となった。

和泉流は室町時代中期に起こったとされるが、流儀として確立されたのは江戸時代初期の事だ。

慶長十九（一六一四）年、京で活動していた「手猿楽《てさるがく》」の山脇和泉元宜《もとよし》が、尾張藩のお抱えとなった。この時代、まだ玄人役者と半玄人である「手猿楽」の垣根は低く、京の周辺では手猿楽が活発に活動していた。

元宜は尾張藩お抱えになったのをきっかけに、別に活動していた野村又三郎・三宅藤九郎を傘下に置き、流儀を確立した。野村・三宅を加えたのは人数が足りなかったためで、「野村又三郎と三宅藤九郎を、それぞれ家独自のテキストを使っていい、それから中伝以下の免状を発行してもいい、という条件で、いわば客分」としたとされる（『日本古典芸能と現代 能・狂言』）。

鷺流・大蔵流に対し、和泉流は幕府お抱えだった五座の中には入っていなかった。そのため、江戸では流儀として、あまり認識されていなかったようだ。

「和泉」とは、「和泉守」の事だが、正式な官職ではなく受領名だ。室町時代以降、困窮した朝廷や寺院が、箔付けを望む商人や芸人の求めに応じ、金品で非公式に授けた官名で、江戸時代前期に宗家が「和泉守」を得て以降、「和泉流」と呼ばれるようになったが、その後も宗家は代々「山脇和泉」を名乗った。京で活動していたが、後に名古屋へ移り、明治維新後は東京へ移った。明治時代の末に十六世元清が、跡を継いだ十七世元照も数年で亡くなり、一時宗家不在となった。

昭和十五（一九四〇）年、婿養子に入った元康が十八世和泉流宗家となったが、問題を起こして家を追い出され、「山脇和泉家」は途絶える。

江戸時代、宗家をはじめとした和泉流の役者たちは、京都・名古屋・金沢などで活躍していたが、明治時代に金沢から東京に出て根を広げた野村万蔵家の一族を除けば、現在でも和泉流は名古屋を拠点としている。

野村又三郎家は、丹後国宮津の郷士の出で、京に出て呉服商を営んでいたとされる。慶安二（一六四九）年、又三郎重信の代に和泉流に加わった。その後も又三郎家は京在住を続け、御所への出入りを許された禁裏御用を勤めながら、尾張藩の「お抱え」としても活動した。明治維新を迎え、大阪・東京へと移り住んだが、戦後、名古屋に本拠を移した。現在は、十四世野村又三郎が当主を務める。

もう一つ、名古屋を拠点としているのが「狂言共同社」だ。明治維新で尾張藩のお抱えではなくなった宗家の山脇元清が上京してしまう中で、和泉流の衰退を憂えた素人弟子が集まり、明治二十四（一八九一）年に結成された。弁護士や商家の主人ら、いわゆる旦那衆の集まりで、多くは仕事を続けながら名古屋を中心に活動していた。現在は佐藤友彦・井上松次郎らが中心となって活動している。

三宅藤九郎家は、江戸時代中期に加賀藩のお抱えとなるが、金沢や江戸を行き来しながら京に住み続けた。

野村万蔵家の先祖は、江戸時代、金沢に住んでいて、三宅藤九郎家の弟子として狂言の世界へ入った。明治時代に入ると、三宅藤九郎家の七世庄市が、京都から東京に移り活躍した。同じ頃、金沢から東京へ出た五世野村万造も、庄市の教えを受けた。明治十八（一八八五）年に庄市が亡くなると、分家の惣三郎が本家に入り跡を継いだ。しかし、惣三郎も明治三十七（一九〇四）年に亡くなり、後継者が無かったため、三宅藤九郎家は中絶した。

その後、五世野村万造の次男である万介が、九世三宅藤九郎を襲名し、「人間国宝」となるなどの評価を得た。九世の長男は、和泉流宗家の山脇和泉家を継承し、和泉元秀と名を変えたが、次男の右近親子は三宅姓で舞台に立っている。現在、元秀の次女が三宅藤九郎を名乗っている（三宅藤九郎家・山脇和泉家については、第四章・第七章を参照）。

和泉流といっても、それぞれ元とする台本や演出が違うため、共演する場合は、すり合わせが必要になる。

三つの家

これらの「家」の中で、大きな勢力は大蔵流の山本東次郎家・茂山千五郎家と和泉流の野村万蔵家だ。この三つの家は、同じ狂言と言っても芸風が大きく異なる。

芸風の違いは、能との距離感で見てみると解り易い。

「能的」な家は、「狂言方」として能・狂言を演じる能楽の一員であるという意識が強い。「非能的」な家は「狂言師」という言葉を使い、能からの独立意識が顕著だ。

三つの家の論客が、能との距離感について記している文章があるので、比較してみたい。

現在の山本東次郎家の当主・四世東次郎は、その著書『狂言のことだま』（玉川大学出版部）の中で「狂言師」という言葉に異論を唱え、「狂言方」が正しいとして、「独立した『狂言』という芸能を演じる役者ではなく、能・狂言すべてを引っくるめた『能楽』という大きな芸能の一部分、能楽のなかの一パートを担う役者」だとして、「私は能と狂言をよく、『氷』と『湯』にたとえます。『水』と『油』のような質の異なるものではなく、本質は同じなのに状態の違いによって変わってしまう『氷』と『湯』、ということです」と説き、肩書も「大蔵流狂言方」を名乗る。

四世千作の弟で、戦後一貫して茂山家の理論的な支柱だった二世千之丞は、「狂言は散楽・猿楽から派生したものではなく、上代以来の長い王権専制支配体制のなかから、ようやく、徐々に自由を勝ち取ってきた中世の農民たちのエネルギーによって創造された」とし、それが、能を演じていた猿楽の座に吸収され、さらに江戸時代に入ると、儒教の影響で笑いが下卑たものとみられるようになり、狂言は「『高邁で真面目な芸術』能への隷属を強いられる運命に陥りました」（『狂言じゃ、狂言じゃ！』茂山千之丞、晶文社）と能に対する対抗意識を露わにしており、茂山家は「狂言師」と名乗る。

六世野村万蔵の次男であり、萬斎の父である野村万作は「父の若いころは、封建的な身分関係や雇用関係が色濃く、対等にシテの人と語り合うことなどなかった」として、狂言をやろうと決意したのは「能に対して狂言というものの立場を主張したい、こんな扱いではたまらないという情熱や夢が非常に大きな原動力としてあるわけで、この自己主張が私の狂言の道の、ある意味での原点」といい、肩書についても「シテ方、ワキ方、狂言方、囃子方という『方』という呼び名があまり好きではない。江戸時代までは座の組織があり、一つのグループがあっての役の分担であった。その座がすでになくなってしまったのに、旧体制下の呼び名が残っているという印象である。もちろん能の間《あい》狂言に出演する時は、たしかに狂言方と呼ぶべきなのだが、あくまで狂言の演者であることを優先して考えれば、野村万作は和泉流狂言方であるというよりは、和泉流狂言の役者であるというほうが、私は実感としては正しいと思う」と記している（『太郎冠者を生きる』）。

かつての能の座には、シテ方を筆頭に、ワキ方・囃子方・狂言方という序列があった。その名残りは残っていて、能楽師の職能団体である能楽協会の名簿は、今でもその順番を継承している。能楽界の序列が今よりも遥かに厳しく、狂言の地位が低かった時代を生きた千之丞や万作が鬱屈した感情を持ったのも仕方が無いことだ。

それぞれの家の芸風や志向は、「能的」が「様式的」「高踏的」、「非能的」が「写実的」「大衆的」という言葉とも重なり合う。

右端を「能的」、左端を「非能的」として、流儀に関係なく一本の線上に並べてみると、一番右は大蔵流の山本東次郎家、一番左は茂山千五郎家ということになり、野村万蔵家の芸風は真ん中辺りということになる。同じ大蔵流であるにもかかわらず、山本家と茂山家の芸風や志向はかけ離れている。

歴史を辿れば、「能的」は武家の式楽として保護と統制の中で育まれた武家好みの芸風、「非能的」は興行として生きる中で娯楽として親しまれて来た町人好みの芸風ということになる。

「堅く守って滅びよ」

山本東次郎家の教えとされるのが「乱れて盛んになるよりも、むしろ堅く守って滅びよ」という言葉だ。明治維新で能楽が存亡の危機を迎えた時代、大蔵流宗家の大蔵虎年は、弟子たちに対し、心構えを説いた通達を送った。右の言葉はその中の一節だ。三世山本東次郎はこれを引用し、高い志と品格ある剛直な芸風を目指す事を示した。

江戸時代初期に活躍した大蔵流宗家の大蔵虎明《とらあきら》は、筆まめで多くの伝書を残している。その中でも晩年に著した『わらんべ草』の中で、「狂言ハ、能のくづし、真と、草也」と記して、能との結び付きを強調し、「世間の狂言ハ、躰もなく、あハたゝしう、らうがハしく、そゞろ事をいひ、くねくしく、かほゝゆがめ、目、口をひろげ、あらぬふるまひをして、わらわするハ、下ざまの者よろこび、心ある人はまばゆからん、是世上にはやる、かぶきの、中の、だうけものと云也、能の狂言にあらず、狂言の、狂言ともいひがたし、たとへ当世はやるとも此類ハ、狂言の病と、いにしへよりも云伝へ侍る、又本道にあらざれば、まなばん事もいとやすし」としている（『わらんべ草』大蔵虎明、岩波書店）。

「世間の狂言」とは、同時代に人気だった鷺流の鷺仁右衛門宗玄の狂言の事を指しているとされる。仁右衛門宗玄は、観世座の座付きとして幕府に抱えられるまで、京の町衆の中で活動したことから、庶民受けするにぎやかな芸風だったようだ。虎明はそれを「歌舞伎の中の道化者」のようで、本来の「能の狂言」とはかけ離れた邪道として批判している。

こうした虎明の狂言に対する思いを最もよく受け継いでいるのが山本東次郎家だ。東次郎家は、初世から三世まで、晩年は軟らかみが出るものの、その芸風は判で押したように「固い」と評され、時には面白くないとさえ言われるほどだった。しかし、文化人・知識人を中心に、剛直さの中から生まれる美しさに着目し、その芸術性を高く評価する人もいた。

大蔵流にしても、和泉流にしても、現在続いている他の家が商家の出であるのに対し、東次郎家は唯一武家の出であり、武家の式楽であった江戸時代の能の精神性を受け継いでいるといってよいだろう。

三世東次郎も養子であったせいか、その責任感から家の芸風を必死に守ろうとした。戦後、茂山七五三《しめ》（後の四世千作）・千之丞兄弟や、野村万之丞・万作兄弟が演劇などに盛んに出演したのには批判的で、野村兄弟の父である六世万蔵が企画を任された「白木狂言の会」への出演も、先代から六世万蔵とは親しい関係であったにもかかわらず断っている。

四世東次郎は実験的な演劇作品に出演する事もあるが、これは東次郎家では珍しい。芸術家肌の東次郎の個人的な興味からだ。しかし、映画やテレビドラマに適する芸風でもないし、萬斎のように幅広く活躍することを望んでもいない。

四世山本東次郎は、狂言の役者はもともと「幽玄」のために切り捨てた「滑稽なもの、生々しいもの、生活感漂うもの、本能的なもの」といった要素を補う役どころを演じることを指摘し、「能に比べて狂言は喜怒哀楽をはっきりと表します。（中略）外部からの拘束力が格段に緩やかな狂言は、演者の好き勝手になる部分が多く、曲の趣向全体を自由に変えてしまうこともできるのです。それは見識を持たないかぎり、非常に崩れやすい、危険を伴った芸であるということになりましょう」（『狂言のことだま』）と狂言が持つ柔軟性を指摘し、一歩間違えれば崩れてしまう危うさをはらんでいることに警鐘を鳴らしている。

お豆腐狂言

剛直な山本東次郎家に対し、茂山千五郎家の芸風は柔らかさで、「お豆腐狂言」を標榜している。

これは、十世千五郎（二世千作）への陰口に由来する。千五郎は、呼ばれればどこへでも気軽に行って、狂言を演じて見せたため「お豆腐のような奴だ」と揶揄された。日常の食卓に上がる豆腐のような安っぽい芸、という意味だった。しかし千五郎は、これを逆手に取り「お豆腐で結構。味つけによって高級な味にもなれば、庶民の味にもなる。お豆腐のようにどんな所でも喜んでいただける狂言を演じればよい」と言ったと伝えられる。

「お豆腐狂言」を大きく花開かせたのは初世七五三（後の四世千作）と二世千之丞の兄弟。戦後、現代劇・歌舞伎・映画・テレビをはじめ、ありとあらゆるジャンルに出演した。

千之丞は、能への強烈な対抗意識をバネに、他ジャンルとの共演を通じ、現代社会の中で生き残れるような新たな演劇を生み出そうと、もがきながら実験を繰り返し続けた。千之丞は次のように記している。

「狂言の発声、演技術、演出法、構成等、狂言のもっている演劇としての種々の要素を、現代演劇の場――舞台機構や音楽、舞踊等も含めて――で再創造して、そこに今までになかった演劇、これが現代日本の演劇だと言えるものを生み出せないものか、そういう考えをあの当時からもっていました」（『狂言役者――ひねくれ半代記』茂山千之丞、岩波書店）

千之丞の演劇界における活動は、その量と幅広さにおいては、現在の萬斎に匹敵するほどだった。最も過激だったのは武智鉄二演出作品への出演だ。戯曲として書かれた岩田豊雄（作家・獅子文六の本名）の「東は東」や木下順二の「夕鶴」を宝塚歌劇出身の女優やオペラ歌手らと共に、狂言や能の様式で演じた。

昭和三十（一九五五）年には、三島由紀夫が能から翻案した「綾《あや》の鼓《つづみ》」で、名人と言われた金春流の桜間道雄が主役を務め、七五三と千之丞兄弟ら能役者と、長岡輝子、岸田今日子ら女優が共演した。洋装で、女優以外は能面や狂言面を付けた。伴奏は室内楽、現代語のセリフを歌うようにしゃべる奇抜な演出だった。

民俗学や人類学的な視点を取り入れて日本の芸能を論じた能楽評論家・戸井田道三は毎日新聞で「一体に武智演出はびっくりさせすぎる。びっくりと感動とは両立しない。びっくり箱はあとで笑うためである。だから何となく子どものいたずらめいたものを感じる」と、どこか旦那芸的なところがある武智の演出を厳しく批判した（『日本古典芸能と現代　能・狂言』）。

当時の能楽界は、まだ他ジャンルとの共演に否定的だった。昭和三十年代には、歌舞伎に出演した事が原因で、能楽協会から事実上の退会勧告を突き付けられ、対立したこともある千之丞は、次のように記している。

「私は、能・狂言といっても別に特殊な芸能ではない、広い芸能界の一ジャンルにすぎないのだという考えのもとに、歌舞伎や新劇、オペラなど様々の分野の人々と交流し、舞台や放送の仕事をいっしょにやってきました」（『狂言役者——ひねくれ半代記』）

この言葉通り、千之丞はラジオや草創期のテレビにも積極的に出演した。

千五郎（後の四世千作）も、役者は指示通りに動くだけで、コマ切れになった動きや表情を演出家のイメージ通りに作り上げるという映画の手法について、「長いセリフを覚えなくてもいいのは楽ですが、狂言のように、客席の生の反応を受けながら、舞台を進行してゆくのとは全く異質の芸術です。孤独な仕事やなァという気がします」（『千五郎狂言咄』茂山千五郎、講談社）と違和感を口にしているものの、東映ヤクザ映画で怪しげな中国マフィアのボスを演じるなど、頼まれれば、何でも気軽に出演した。

千之丞の活動は、年齢を重ねても衰えを見せなかった。その相手を務めたのが哲学者の梅原猛だ。国際日本文化研究センター所長も務めた梅原は、日本の伝統芸能に強い関心を示し、三代目市川猿之助と組んで「スーパー歌舞伎」の脚本を書いて成功したことで自信を深め、狂言や能も手掛けるようになった。国立能楽堂の委嘱で、平成十二（二〇〇〇）年から十五（二〇〇三）年に掛け、「ムツゴロウ」「クローン人間ナマシマ」「王様と恐竜」の「スーパー狂言三部作」を書いた。千之丞が演出し、現代美術家の横尾忠則が装束を手がけ、茂山家総出演で上演された。

止む事なく戦争を続ける人間の愚かさを風刺した「王様と恐竜」は、常に時代と共に生きる茂山家を象徴していて、イラク戦争の真っ只中に上演された。この作品について、能楽研究家の松本雍《やすし》は、「能楽タイムズ」で「場面場面の面白さには満員の観客が大爆笑だったが、その割に散漫な印象の残る一時間二十分だった」（平成15年6月号）と評している。いずれも、制作発表時には話題になり、観客も動員した割には、能楽界では、あまり批評の対象にならなかった。いわゆる見巧者ではなく、普段、能・狂言を観ない層を捕まえている茂山家らしい結果だったと言えるだろう。

茂山家は、四世千作の次男である七五三の息子の宗彦・逸平をはじめ、孫の代になってもジャンルを問わず出演し、そこで得た人気をテコに狂言へも観客を呼び込んでいる。その一方、狂言以外で萬斎のような芸術的評価を得ることは少ない。そもそも茂山家は、あまり芸術を意識することなく、娯楽として多くの人に気軽に楽しんでもらうという点に重きを置いている。

客観的に見れば芸術活動に熱心だった二世千之丞でさえ、権威主義的な響きがある「芸術」という言葉自体には懐疑的だった。

若い頃の兄弟の活動を父親として温かく身守り、時には協力した十一世千五郎（三世千作）はこう語っている。

「私は新しいことはどちらかというと好きやおまへん、やはり旧式にやりたいと思うとります。しかし、伜たちにやってはいけないとは申しませんのです、時代ですからね」（『狂言85年 茂山千作』茂山千作、淡交社）

この言葉が示す通り、時代によって自在に変化していく事こそ、茂山家の芸風と言えるだろう。

江戸前狂言

今日、野村万蔵家の芸風は、江戸の粋や洒落を取り込んだ洗練された江戸前狂言と評されるが、これは萬斎の祖父である六世万蔵の芸風に基づくものだ。

若い頃の万蔵は固い芸風だったとされる。これについて万作は「若いころの父は、大蔵流、先々代の東次郎さんにかなりのあこがれをもっていたから、写実の勝った万（萬）斎からの芸に、堅実で様式性の強い芸風を加味していったと考えられる」と分析している（『太郎冠者を生きる』）。それが、晩年になると硬さがとれ、まだ残っていた江戸の名残りを取り込み、軽妙洒脱と言われる境地に達したのだ。

しかし、ここで着目したいのは、その「中庸」さだ。

万蔵家は、元々は、「八田屋」という酒屋だったが、芸が達者だった初代が、加賀藩の中では御手役者《おてやくしゃ》の下に位置する町役者として抱えられた。しかし、後に名字帯刀を許された事もあり、万蔵家の気風には武家的なところがあった。万蔵は、父の五世万造から、武士道と芸道とを結びつけて教えられたという。「舞台に出たならば、油断をしてはならない。どこから打ち込んでくるか分らないぞ、切られてしまってからでは全てがもうおしまいだ。いくら後で文句を言っても、それこそ後の祭りだ」と指導されたのだ（『狂言芸話』野村万蔵、わんや書店）。

その一方で、万造の芸風は写実的だったと言われる。万作は「万斎個人ということよりも、明治から大正にかけて生きた狂言師の一つの傾向であったと想像される」と分析している（『太郎冠者を生きる』）。

商家の出でありながら、武家社会の中で芸を磨いた野村家は、元々、「能的」（様式的・高踏的）と「非能的」（写実的・大衆的）の両方に対応できる中庸さを持っていたのだが、近代になって、磨きがかかった。

万作は「私たちには祖父萬斎系の写実の系統と、父が創り上げた様式性、極端に言うと『江戸前狂言』的質の、両方が流れているわけです」と説明している（『狂言を生きる』野村万作、朝日出版社）。また、萬斎も次のように語っている。

「様式と写実が両輪で、そのバランスを取っているのが野村家の芸です。茂山家は写実のほうが勝るし、山本家は様式が勝る。うちでは、大名も太郎冠者もできなければいけない、オールマイティーに、ということを非常にやかましく言われて育ってきたような気がします。その振れ幅が両方に大きいほど、役者としては強いですね」（『狂言三人三様　野村萬斎の巻』）

萬斎は、狂言を軸として、幅広く活躍することを目指している。しかし、幅広く活躍するには、それに対応できる演技術が無ければならない。萬斎の芸は、出演するジャンルや作品により、時として「能的」であり、時として「非能的」と変幻自在だ。「能的」な演技術を駆使し、シェイクスピアやギリシャ悲劇、また東西の様式性の強い作品に挑む事により芸術的な評価を高め、テレビドラマや映画においては「非能的」な部分を生かし、軽妙洒脱な演技を見せて、幅広い人気を獲得する。それを可能にしたのが万蔵家の芸風といえよう。

第四章　名人の血脈

加賀藩の町役者

萬斎の曾祖父に当たる五世野村万造（後の初世萬斎）は、明治十一（一八七八）年、金沢から上京して、東京府下谷区下谷西町に移り住んだ。現在、狂言だけに止まらない、能楽界の一大勢力となっている野村万蔵家の、東京における始まりだ。

野村家は前述したように、かつて八田屋という酒屋を営んでいた。近在の八田村の出であったことから付けられた屋号だった。住んでいたのは、金沢城下の桶町。桶町は現在の町名だと彦三町《ひこそまち》一～二丁目と尾張町二丁目辺りになる。江戸時代初めに藩から家を与えられた桶職人たちが住み着き、元禄時代頃には桶町と呼ばれるようになった。浅野川沿いの花街である主計町や金沢城にも近く、城下の中心に位置していた。

万造は、「桶町は侍と町人の合の子の、つまり私の家のような狂言師とか、能師または学者、茶の湯の宗匠などが住居を構え、まことに風雅な町でありました」と町の雰囲気を回想している（『狂言の道』「萬斎聞書」野村万蔵、わんや書店）。

享保二十（一七三五）年、初代万蔵は八田屋から分家して町役者となる。当初は大蔵流だったと伝えられるが、やがて加賀藩お抱えの御手役者で京にいた和泉流の三世三宅藤九郎に師事した。今は流儀を変わるというのはあり得ない事だが、まだ流動的だった時代には珍しくなかったのだ。

文化八（一八一一）年二月、火災で焼失した二の丸御殿の再建・十二代斉広《なりなが》の家督相続・斉広の入国と慶事が重なり、六日に及ぶ式能が行われた。江戸時代を通じて加賀藩最大の式能だった。この時出演した町役者の中に、狂言方として「八田屋 万蔵」の名前も見られる（『金沢の能楽』梶井幸代、密田良二、北国出版社）。

江戸時代、能楽は幕府の儀式に欠くことの出来ない「式楽」となっていたため、諸藩でも能が奨励された。大藩ともなると居城や江戸屋敷の中に幾つもの能舞台を設け、国許・江戸・京にそれぞれ役者を抱え、夥しい数の能面や能装束を蓄えた。国許では儀式、江戸では将軍の御成りや大名間の社交などに備えていた。藩主や重臣たちの娯楽としても演じられ、公私共々、能楽は大名を始めとした上級武士たちにとって欠かせないものになっていった。

特に、外様大名は「武」でなく「文」に力を入れていると示し、謀反の嫌疑を掛けられないよう注意を払う。その象徴が、能楽だった。

加賀藩は、初期から将軍家と姻戚関係で結ばれていたとはいえ、外様では最大の大名だったこともあり、幕府の警戒を解くため、藩祖の前田利家の時代から、歴代藩主は率先して能楽に力を入れた。「空から謡い降る」という言葉があるほど、城下からも謡や囃子の音が絶えず、全国でも屈指の能楽が盛んな土地として知られていた。

それを支えたのが、加賀藩独特の幾層にもなった分厚い役者群だ。最上位に、玄人である江戸・京・金沢在住の「御手役者」がいた。次にいたのが、万造のような「町役者」だ。町役者は元々、それぞれ家業を持っていた町人で、趣味が嵩じて役者となった者たちだ。名簿を見ると、御手役者は姓が記されているが、町役者のほとんどは屋号と名があるだけで、身分的には町人だったことが解る。

万蔵家は、万造が「野村万蔵という名字を拝領し、帯刀を許されました」(『萬斎聞書』)と語っているように、役者名簿を見ると、天保の頃には、「八田屋」ではなく「野村」を名乗るようになっている。実質的に、御手役者の仲間入りをしていたのだ。とはいえ、江戸時代、能役者の身分は不安定で、名字はあっても町人扱いの者もいた。幕府お抱えである「五座」の役者でさえ、時代によって扱いが変動している。

職人兼能役者

さらに加賀藩の能楽についての制度の中で、他の藩では類を見ないのが、御細工所の職人の「本役兼芸」だ。

加賀藩では、三代藩主・利常の時代から、鎧兜など武具の製作のため、国の内外から優れた技量を持った職人を積極的に集めるようになる。集められた職人たちが所属したのが、御細工所だ。

五代藩主・綱紀は、将軍・綱吉の好みに合わせ、藩を挙げて宝生流に傾倒し、後に「加賀宝生」と呼ばれるほどの宝生流隆盛の礎を築いた。御細工所の職人たちにも、それぞれ能楽の諸役を兼ねることを奨励し、芸の習得に努めさせた。これが「本役兼芸」の始まりだ。

兼芸に対して、技量を上・中・下、さらには未練の者に分け、それに応じて扶持を与えた。現代風に言うと、兼務手当と言ったところだろう。文政十一（一八二八）年、十三代斉泰の時代の「御細工者本役兼芸歳附帳」という史料からは、百二十五人の職人のうち三十一人が能の兼芸をしていたことが解る（『金沢の能楽』）。

この時代、御細工所で製作される物は、武具類に止まらず、茶道具、将軍家や諸大名に贈答品として贈られる美術工芸品にまで広がっていた。「武断」から「文治」の時代に移り、大名にとっては交際が重要となっていた。佐賀藩の鍋島焼に代表されるように、それぞれの藩で生み出される贈答用の美術工芸品の出来は、その藩の文化力と経済力を示すものだった。これが結果的には政治力にもつながったのだ。

教養溢れる文化人だった将軍や諸大名の眼鏡にかなう意匠とするには、それ相応の教養を必要とした。御細工所の職人が、能だけでなく、蹴鞠や活け花の稽古もしたことからわかるように、「本役兼芸」も、単なる能楽奨励ではなく、優れた作品を作るための素養を身に付けさせるためでもあったと考えられる。

このように、能役者にとって居心地の良い金沢ではあったが、明治維新を迎えると厳しい状況にさらされた。

万造の上京

文久二（一八六二）年、四世野村万造に長男の良吉が生まれた。良吉は数え年五歳の時、藩主の前田慶寧の御前で小舞「花の袖」を見事に舞う。これを舞い終えれば狂言師見習に取り立てられ、髷を結うことが出来た。しかし、狂言方の道を歩み始めたばかりの幼い良吉の前に、時代の荒波が容赦なく押し寄せる。

明治四（一八七一）年の廃藩置県によって、二百八十年間続いた加賀藩は消滅し、十四代藩主で金沢藩知事の職にあった慶寧も、その役を免じられる。旧藩主とその家族は、政府から東京永住を命じられ、八月には慶寧、九月には慶寧の父で隠居していた前藩主の斉泰が金沢を後にした。その後、藩主の居城だった金沢城は兵部省の所有となり、能舞台があった二の丸御殿跡には、陸軍第七連隊の本部が置かれた。

翌年には、能役者に対する俸禄が打ち切られる。和泉流の町役者を取り仕切る頭取として七俵一斗五升を得ていた野村家も、生活の糧を失うことになった。加賀藩から扶持を与えられていた役者は総勢二百人以上いたが、この時既に御手役者が十二人、町役者が十五人にまで減っていた。維新の激動で御手役者は廃業・四散し、町役者の中で、元々の家業で生計を立てられる者は本業に戻ったと思われる。和泉流は、万造の他には、御手役者・三宅庄平だけになっていた。

野村家は、町役者の身分ではあったが、実態は御手役者と変わらなかった。町の世話役である「肝煎《きもいり》」や口入れ屋を副業としていたが、主たる生活の糧である俸禄を失う痛手は大きかった。だが、肝煎を務めていたためだろう、新政府から戸長を命じられ、引き続き町の世話役として収入を得ることが出来た。月給は二円五十銭だった。

万造は、もう良吉に狂言を継がせることなど考えていなかった。世の中の情勢を見ると、到底、狂言で食べて行けるとは思えなかった。食べて行くために、手に職を付けさせようと、仕立て屋をしていた弟子の小泉米松の元へ修業に通わせる。しかし米松は、狂言の家としての野村家が途絶えるのを惜しみ、仕事の合間に稽古を付けた。

明治九（一八七六）年、万造は、この年に開館した金沢博物館に事務の職を得るが、十一月に数え年三十七歳の若さで亡くなってしまう。

父の後がまとして博物館に勤めていた良吉だったが、東京にいた分家で、弟子の野村与作の誘いに応じ、上京を決意した。当時、与作は、東京で活躍していた。上京を勧めたのは、親切心というよりは、単に人手が足りなかったからだ。

上京するに当たり、良吉は、心機一転、名を改め、五世の万造となった。明治十一

(一八七八)年、万造は、母を残して一人金沢を旅立つ。初めての旅だった万造は、東京への近道である直江津ではなく、人力車で大垣に出た。日本海に迫り出した断崖絶壁で、難所として知られる「親不知」を避けたのだ。大垣から川を船で下って桑名へ行き、さらに四日市から小さな蒸気船に乗り、二日がかりで横浜に着いた。そして横浜から、初めて見る陸蒸気に乗り、新橋へ向かった。一週間にも及ぶ長旅の末、先祖代々受け継がれて来た面と装束の一切合財を持ち、浅草清島町にあった与作の家へ転がり込んだ。数え年十七歳の時だった(『狂言の道』および「宝生」掲載「野村萬斎思出話」、宝生発行所)。

万造が上京した頃の東京の能楽界の状況を見ると、明治維新直後の存亡の危機を脱し、少し明るさが見えて来ていた。明治九(一八七六)年には、明治天皇が岩倉具視邸へ行幸した際、「天覧能」が催されてもいた。しかし、明治維新の混乱の中で、多くの能役者たちが、廃業したり、地方へ下ったりしていて、狂言方は、和泉流は万造を加えても六人、大蔵流と鷺流を合わせても全部で十数人しかおらず、手が回らない状態だった。

若い万造は、与作に稽古を付けてもらい、東京で一旗揚げるつもりだった。しかし与作は「お家のお方でしょう。それほどのことがわからないわけはないでしょう」と、嫌味を言って稽古を付けようとはしなかった。

「修業という事はつらい事とは覚悟して居りましたが、身内のものでさえ是なんですから、床の中で布団をかぶって、泣いた晩が幾晩続いたか知れません」と万造は回想している（「野村萬斎思出話」）。

代わって面倒を見てくれたのが、同じ和泉流で、京在住の加賀藩御手役者だった三宅庄市だった。庄市の出自ははっきりしないが、分家・三宅惣三郎家の養子となった後、途絶えていた本家・三宅藤九郎家を継いだ。三宅藤九郎家は、万蔵家の師匠筋に当たる。庄市は、京都に居た頃から岩倉具視の知遇を得ていたため、維新後いち早く上京して活躍していた。

岩倉の伝手《つて》からだろう、庄市は、能楽を好んだ英照皇太后（孝明天皇の女御で実質的には皇后。天皇の崩御後皇太后の宣下を受ける。明治天皇の嫡母）が、住まいの青山御所に設けた能舞台の御能御用係を、観世流宗家の観世清孝、宝生流宗家の宝生九郎らと共に拝命していた（『明治天皇紀　第四』明治11年7月5日条）。

万造が大曲「花子」を伝授してもらったのも庄市からだった。庄市は長く住んでいた京都へ行くことも多かったが、東京にいる時は、熱心に稽古を付けてくれた。

明治十四（一八八一）年、数え年で二十歳になった万造は与作の家を出て、本格的に庄市に付くことにした。稽古に通うのに便利なように、下宿も庄市の家に近い九段上に定めた。ところが、明治十八（一八八五）年、庄市が亡くなる。死の床に付いても、万造の求めに応じて稽古を続けた庄市には養子の惣三郎がいたが、万造に教えられるような芸では無かった。万造は、庄市亡き後、流儀は違うが、名人として知られた大蔵流の山本東次郎にも教えを乞い、夏の間は金沢へ帰って米松に稽古を付けてもらった。

万造、騙される

この頃万造は、文筆家で政治家、かつ実業家という多彩な顔を持つ、福地桜痴（源一郎）と出会った。「野村萬斎思出話」によると、知り合いから築地の料理屋に呼ばれ、初めて会った時、万造は「福地」が何者か知らなかった。酒を飲みながら福地は、「本を書く商売をしているのだが、狂言が廃れて行くのは惜しいので、これを書き残して置きたい、人から聞いた話では頼りないので稽古したいから教えてもらえないか」と言う。それは結構なことだと万造は気安く引き受けた。

ところが数日後、使いの者が来て、「素襖落《すおうおとし》」の本を見せて欲しいと依頼して来た。

能の謡本と違い、狂言の台本は、まだ出版もされていない時代のことだ。弟子でもなければ他人に見せることは憚られた。万造も迷ったが、福地が弟子入りしていることを方便に貸すことにした。

それから何日かして、宝生九郎や野村与作らと横浜の料亭の富貴楼へ行った時のこと。九郎が「この間、福地さんに会ったそうですね」と話しかけてきた。こう言われた万造は、もう耳に入っているのかと驚いた。傍には与作もいたから、ここで九郎から文句の一つでも言われたらと思うと焦った。ところが、九郎の口から次に出たのは「大層いい事をしましたね。福地さんは今日の日本の学者で、成島柳北さん、福澤諭吉さんと三本の指に入る人です。大変結構な事です。ああいう方と知りあいになる事は……。狂言も段々盛んな方にむいて行くでしょう」という言葉だった。お墨付きを得た万造は、意を強くして「名取川」や「奈須与市語」など、求めに応じ次々と本を貸した。

しかし、一向に稽古を始める気配は無かった。不思議に思い、紹介してくれた男に尋ねると、稽古をしたいのは山々だが、忙しいので折りを見てという返事だった。しかし、その後も連絡は無かった。

そうこうしている内に、今度は演じてみせて欲しい、と言って来た。宝生宗家である九郎のお墨付きをもらっていることもあり、福地に請われるままに、一つひとつ演じて見せた。

それから一年ほど経った明治二十五（一八九二）年十月、市川團十郎が、歌舞伎座で「素襖落那須語」の題で、「素襖落」を演じた。作者は、「桜痴居士」となっていた。福地のことだ。福地は、歌舞伎の地位向上を目指し、高尚優美を旗印に、團十郎らと共に、演劇改良運動に取り組んでいた。「松羽目物」と呼ばれる能や狂言を素材とした演目を作るのも、その一環だった。万造は知らないうちに、その材料を提供させられていたのだ。

騙されたようで、万造の腹の虫は納まらなかった。紹介してくれた男の所へ文句を言いに行くと、昔は歌舞伎役者が能・狂言を演じたら罰せられたが、今は構わないのだと、開き直られた。悔しくて地団太を踏んだが後の祭りだった。

男は、万造を宥めるように「御維新前とは時勢が違いますよ。狂言が今の様だったら、是からどうなると思います。何事も宣伝をして、沢山の人に知って貰う事が、其の職業を隆盛にする事になりましょう。狂言も宣伝を芝居にやらせたと思えば広告料なしで人が知ってくれるわけだから、腹も立たないじゃありませんか」と言った。

万造は、自分の能楽界での立場を考え、「或る時は非常に心配もしました」としているが、昭和に入ってからは「今になって考えて見れば、それがために狂言をまるで知らない人が、狂言の存在を知るわけで、私のした事は別に悪かったとは思いません」と振り返っている。

その後も福地は、「二人袴《ににんばかま》」など、狂言から取った歌舞伎の演目を作り続けた。

急場しのぎに勤め人

この頃、与作たちは、舞台だけでなく、毎晩のようにあちらこちらの屋敷の宴席に顔を出し、狂言を演じてみせた。勤め料だけでなく、客からの祝儀もあり、万造も与作たちに付いて行けばそれなりの実入りがあった。

この暮らしが、明治三十（一八九七）年、能を好んだ英照皇太后の崩御をきっかけに暗転する。英照皇太后は、明治維新によって存亡の危機に瀕していた能の復興に大きく貢献した。その崩御を受けて、総理大臣の松方正義名で「営業ニ係ルモノハ十五日間」、その他の者は三十日間の「歌舞音曲を停止」の通達が発せられた（『明治天皇紀　第九』明治30年1月12日条）。折しも、日清戦争の軍需景気の反動から不景気風が吹き始めた頃で、そのまま舞台もお座敷もピタリと無くなってしまった。

それまでは廓遊びなどもしていた万造だったが、アッと言う間に家計は火の車。仕方なく、知人の伝手を頼り、区役所に戸籍係として勤める事にした。

明治三十一（一八九八）年、借りていた本所林町の家で、跡継ぎが生まれた。子が無かった与作から、ぜひ自分の一字を取って欲しいと頼まれ、万作と名付けた。続いて三年後には、次男の万介が生まれた。

区役所では仕事らしい仕事が無かったとはいえ、日給は二十五銭にしか過ぎなかった。それまで一か月百円はあった収入が、月七円五十銭にしかならない。丁度、区役所に来た知人に事情を話すと、「俺の会社に勤めないか」と誘われた。総武鉄道だった。後に国鉄に編入され総武本線となるが、当時はまだ私鉄だった。ここに三年ほど勤めた頃、誘ってくれた知人が退社し、上司との折り合いも悪かったことから辞表を叩きつけた。次も知人の伝手を頼り、今度は日本鉄道に勤めた。東北本線や常磐線など、後に東日本の主要路線となる私鉄だった。

ところが明治三十九（一九〇六）年、この日本鉄道をはじめ、各地の私鉄が一斉に国鉄に組み込まれた。これが万造にとっては厄介な事となった。それまで万造の立場は雇《やとい》、今で言うアルバイト。国鉄では、雇のままだと安月給だった。上司は、親切心から下級ではあるが正式な官吏である判任官になることを勧めたが、あくまでも本業は狂言だと思い続けていた万造は、いつでも舞台に出られるよう、気軽な身分のままでいたかった。万造は、辞して狂言一本で生きる道を選ぶ。

もう四十を過ぎていた。

宝生九郎と親しかったので宝生会の専属となってはいたものの、出番は月に一度しかなかった。その上、弟子もいなかった。赤貧洗うがごとき生活の中でも、毎日、酒ばかり飲んでいた。

ドサ回りから天覧まで

明治時代の末まで、東京の和泉流は、宗家の山脇元清、三宅庄市・惣三郎親子、野村与作がほとんどの舞台でシテをつとめていて、万造の出番はなかった。

しかし、三宅庄市が明治十八（一八八五）年、野村与作が明治三十四（一九〇一）年、山脇元清が明治四十四（一九一一）年と和泉流の有力者が次々に亡くなると、万造もシテをつとめるようになった。

明治四十三（一九一〇）年七月、明治天皇が本郷の前田利為《としなり》侯爵邸に行幸し、再び「天覧能」が催される事になった。取りまとめを命じられた宝生九郎を通じ、万造にも声が掛かった。万造は大蔵流から人を借りて、息子の万作・万介と共に「鞠座頭《まりざとう》」を演じた。

万造が台頭して来ると、流内で諍いも生じた。

初世梅若万三郎の「道成寺」の間をつとめることになった時の事。大勢の人手が必要となるので、万造一家だけでは足りない。同じ金沢から出て来た藤江又喜《ゆうき》に人を出してくれるよう頼んでいたが、当日、時間になっても現れなかった。万造は仕方なく、シテやワキの了承を得て、人数が少なくて済む「下掛り」の演出でやることにした。

シテ方は、観世流・宝生流の「上掛り」と、金春流・金剛流・喜多流の「下掛り」に分かれ、「道成寺」や「翁」の演出方法がそれぞれ違う。本来なら「上掛り」の観世流が、「下掛り」の演出方法で演じるなどあり得ないことだが、苦肉の策だった。

ところが、後日、原因となった当の本人である藤江又喜が、この事を問題視し、「流法を乱した」として責め立てた。

こういう場合、裁定を下すべき立場である和泉流の宗家は途絶えていた。宗家を預かっていた宝生流宗家・宝生重英《しげふさ》に伺いを立てたところ、シテの了承を得ていることを理由に「お構い無し」となり、事なきを得た。

一方で、この頃から暮らし向きは少しずつ上向いた。東京で、婚礼披露宴の余興として狂言を呼ぶのが流行りだしたのだ。万造一家も、上野や築地の精養軒の宴会場を、まるで専属役者のように行き来した。曲はいつも縁起の良い「末広がり」と決まっていて、ボーイから「末広屋さん」と呼ばれるほどだった。そこで受け取る祝儀が生活の足しになっていった。

万造は食べるに困らないよう、息子には芸だけでなく手に職も付けさせようとした。宝生九郎とも相談し、明治四十三（一九一〇）年、長男の万作が尋常小学校を卒業すると、宝生流宗家に出入りしていた面打ちの下村清時に弟子入りさせた。下村家は代々、小鼓方幸《こう》流の能役者で、紀州藩の「お抱え」だった。清時の弟は「弱法師《よろぼし》」など能を画題とした名作を数多く残した近代日本画の巨匠、下村観山だ。

万造は、能の公演が無い夏の時期には全国各地を旅公演で回るようになる。歌舞伎では地方を回る役者は珍しくなかったが、それでもドサ回りと言われ、低く見られていた。ましてや江戸時代まで、「お抱え」として名字帯刀を許されていた者も多く、特権意識が残っていた能楽界では、万造の行動を快く思わない者も多かった。だが万造は、狂言を広く世界に普及させたい一心で、依頼があれば全国どこへでも出かけた。

大正十一（一九二二）年には、大陸にまで足を伸ばす。上海を振り出しに中国を北上しながら北京に入り、さらには朝鮮半島を旅して帰って来るという二か月にわたる一大公演旅行だった。この時代、植民地だった朝鮮半島や台湾までなら他にも例があったが、中国大陸にまで足をのばした大掛かりな公演は珍しかった。果たせなかったが、万造は欧米での狂言公演の夢さえ抱いていた。

大陸から帰って来た翌年の大正十二（一九二三）年三月、万造は名跡を万作に譲り、隠居して「萬斎」を名乗った。とはいえ、跡を継いで六世万造となった万作も、次男の万介も、共にまだ二十代前半で、萬斎の時代は終わってはいなかった。昭和四（一九二九）年六月には、華族会館開館五十周年記念式典に行幸した昭和天皇の前で「髭櫓」を演じた。明治天皇以来の「天覧」だった。

松の木のように曲がった芸

ところで、萬斎の芸は、どの様なものだったのだろうか。息子の六世万蔵によると、生前、萬斎はこんなことを言っていたという。
「おれは、松の木のように、曲がった芸になってしまった」「お前はヒノキのように、真っ直ぐな大木になれ」（『狂言芸話』）
萬斎は、野村与作に冷たくされ、満足に稽古を付けてもらうことも出来ず、頼りにした三宅庄市もすぐに亡くなり、和泉流としての修業が充分に出来ないまま、模索しながら芸を磨いた。息子には、自分と同じ轍は踏ませず、王道を歩んで欲しかったのだろう。六世万蔵は「自分を凌駕する狂言師になれとの激励があったと思う。親に似ない子を『鬼っ子』という。私は芸の、その鬼っ子にならなければならない」と決心したと語っている（同）。
孫である二世万作によると、父の教える事と祖父が動きを書き残した「型付」が違っている事を指摘すると、万蔵は「おじいさんの書いているのは間違いである」と答え、さらには「おじいさんは、どういう狂言が得意だったのか」と質問すると「苞山伏《つとやまぶし》」「胸突《むねつき》」「呂蓮《ろれん》」などを挙げたという。これらは、万作によると「苞山伏」は「観客をゲラゲラ笑わせるような質の演技」、「胸突」は「大げさな演技が面白い」、「呂蓮」は「あまり自然なおかし味とは言えない」、いずれも「観客を笑わせるための誇張の要素が強い作品」だとして、あまり肯定的には捉えていない（『太郎冠者を生きる』）。

しかし、これには仕方がない面もあった。その頃の能楽堂は前にも記したように、謡や仕舞を稽古している人の社交場と化していて、狂言は軽んじられていた。大蔵流で共に名人と言われた初世山本東次郎と二世茂山忠三郎が公演中、舞台上で何やらヒソヒソ話していると思ったら、突然「ご許されませ、ご許されませ」「やるまいぞ、やるまいぞ」と言いながら、幕に入ってしまったという事件があったが、これも舞台そっちのけで雑談に興じる観客の態度の悪さに愛想を尽かしてのことだった（『日本古典芸能と現代能・狂言』）。

萬斎は、観客の態度を気にする態度を見せなかった。万蔵が不満を漏らすと、「芸さえうまくなれば、今にみんなが見てくれるようになる」と受け流したという（『狂言芸話』）。舞台に立ち続けるためには、不本意でも現実を受け入れるしか無かったのだ。万作も「そういう芸質になっていくのは無理からぬこと」（『太郎冠者を生きる』）というように、一人で上京し、貧困の中にあっても、決して舞台を捨てなかった萬斎が到達した境地だったのかもしれない。

万作はそんな祖父を、橋渡し役として功績のあった人だと評価し、自分自身は曲がりくねった芸でも、少なくとも万蔵・藤九郎という二人の後継者には真っ直ぐな芸を受け継がせ、東京の能楽界で野村家の根をしっかりと張らせた功績を認めている。

三宅藤九郎家の継承

昭和十一（一九三六）年、萬斎は次男の万介を、亡くなった三宅惣三郎の娘であるみねの養子に入れ、野村家にとっては師匠筋に当たる「三宅藤九郎家」を継がせ、三宅万介を名乗らせた。この経緯については、能・狂言を画題にした作品を数多く残した日本画家の松野奏風が、雑誌「謡曲界」に「三宅家相続の前後」と題した文章を書き残している（「謡曲界」昭和12年1月号、謡曲界発行所）。それによると、京都の知人から、惣三郎の娘が京都のお茶屋にいると聞いた奏風が萬斎に伝えたところ、二十年ほど前に一度「三宅藤九郎家」を万介に継がせようと交渉したが上手く行かなかったと言われたので、奏風の京都での人脈を駆使して話をまとめ上げたという。

萬斎は、万介・富士子夫婦を伴い京都を訪れ、十月二十七日にシテ方金剛流宗家の金剛巌《いわお》を媒酌人として、平安神宮で養子縁組の儀式を行った。その後一同は、黒谷にある三宅家の墓へ墓参に訪れている。披露能は、翌年三月二十八日に東京・水道橋の宝生能楽堂で開催された。シテ方観世流宗家・観世左近が翁、分家の当主・観世銕之丞が千歳をつとめる中で、万介が三番叟を演じた。流儀の長老である野村又三郎が、江戸時代の祝儀の時に演じられていた「翁」の特殊な演出である「風流《ふりゅう》」を久し振りに復活させた。さらに近代の能楽界で名人とされる二人、観世流の梅若万三郎と宝生流の野口兼資《かねすけ》が、それぞれ「高砂」「道成寺」をつとめ、間に父である萬斎らの狂言が入るという、狂言方の披露としては豪華な番組だった（「狂言」昭和12年2月号、「狂言」発行所）。

一連の行事の盛大さは、萬斎の思いと意気込みが感じられると共に、狂言方の地位の向上、野村万蔵家の隆盛を象徴するものでもあった。名門の家名を継ぐ事によって、次男である万介の身も立つよう段取りを終えると、萬斎は、昭和十三（一九三八）年一月、数え七十七歳で亡くなった。

六世万蔵

萬斎が亡くなって二年後、万造は一字を改め「万蔵」とする事とした。

万蔵家では、初世から三世までは「万蔵」の字を使っていたが、詳しい事情は定かではないものの、前田家の誰かと名前の一字が重なり、それを憚って「造」に変えたと伝わっていた。元に戻したのは、名声を高めた「万蔵時代」にあやかってのこと、と万蔵は書き残している。同時に、弟の万介も「九世三宅藤九郎」となった。

万蔵は、面打ちとしても評価されるようになっていた。昭和に入った頃には、東京・日本橋にあったデパート・白木屋で能面の個展を開く一方、民俗学の柳田国男と折口信夫ら文化人と共に狂言研究会を作ったりもした。万蔵は、親譲りの酒だけでなく、俳句や釣りなど多趣味だった。社交的な性格で、能楽界以外にも人脈を広げており、それが後々役立つことになる。

この頃の万蔵の芸について、能楽評論家の柳澤澄は、復刊したばかりの雑誌「能楽」(昭和10年4月号、『能楽』発行所)に「野村万造論」という文章を寄せた。そこでは「萬斎翁の生んだ後継者としては厳父以上だと常に思っている。勿論萬斎翁の円熟さにはまだ及ばないが、万造氏には萬斎翁に持たぬ芸品と芸格を具えていると共に、萬斎翁のマンネリズムともいうべき一種の悪癖を殆ど継承していない」「小手先の器用でない所に、将来の大成を期待させるものがあり」とし、「比較的技巧を要する曲で成功しながらも、単純な味を見せる曲で生硬の域を脱し切れぬのも、所謂年功に依る練磨を経ない故だと解する外はあるまい」と、芸の円熟を求めている。

いよいよ万蔵の時代、という昭和十六（一九四一）年、太平洋戦争が勃発。田端にあった万蔵の家は空襲で焼け、疎開させようと荷作り中だった道具類の大半も失ってしまった。敗戦を迎え、爆弾こそ降って来なくなったものの、戦後の混乱の中で能の公演は少なく、頼りになる後援者がいる訳でもない万蔵家の生活は苦しかった。この時、万蔵の助けになったのは、若い頃に修業した面打ちの技だった。能面・狂言面のほか、求めに応じて根付や帯留まで彫って生活の足しにした。

一方、敗戦によって日本は軍事国家から文化国家へ百八十度転換した。その流れの中で、狂言も芸術面から、また伝統文化として評価されるようになっていった。教科書に取り上げられ、万蔵に限らず役者たちは学校を回り、体育館など条件が良いとは言えない場所でも狂言を見せた。大した金にはならなくてもこの地道な努力が、後に狂言ブームとして実を結ぶことになる。

昭和二十七（一九五二）年、万蔵は自分の芸の神髄を見せることを主眼とする「よろづ会」を始めた。この会は五回で終わり、三十四（一九五九）年からは「万蔵の会」となった。

戦後の狂言研究の第一人者で、万蔵家で素人稽古をしており、個人的にも親しかった小林責《せき》は、万蔵から「僕は六十歳になったら狂言をやるよ」と聞かされていた。それは、それまでは父親や師匠から習った芸を完全に演じられるように努め、六十歳になったら自分の創造性を発揮した狂言をやるという意味だと理解していた。しかし、「よろづ会」を始めた時、万蔵は、まだ五十四歳だった。小林は「六十歳まで待っていられなかったのでしょうね。狂言はこのくらいの年齢から芸に脂が乗ってくるわけです」と万蔵の気持ちを推し量っている（『日本古典芸能と現代 能・狂言』）。

昭和三十（一九五五）年一月から、万蔵の長男の万之丞と次男の万作が、自宅の稽古舞台で「狂言あとりえ」という小規模の催しを始めた。それを知った日本橋のデパート・白木屋の関係者が「そんな狭い場所でやらなければならないのは気の毒だ」と、万蔵に白木屋で定期的に狂言会をやらないかと声をかけた。こうして始まったのが「白木狂言の会」だ。それまで能の添え物的に演じられることが多かった狂言を、買い物客が行き交う東京の一等地で主役として見せた。

この好機を逃さず、狂言界全体を盛り上げようと、万蔵は和泉流だけでなく大蔵流も交え、それまでに無い多彩な演者や曲目を並べた。わざわざ能楽堂まで行かなくても、買い物ついでに手頃な料金で狂言を見られるということもあり、この催しは当たった。

この年の五月に第一回が開かれてから昭和三十八（一九六三）年の九十六回まで続き、合計三百二曲が演じられた。これによって、それまで能楽堂を埋めていた謡・仕舞を稽古している人以外にも観客の幅が広がって行った。万蔵にはプロデューサー的な資質があったのだ。

「白木狂言の会」の第一回が開かれた翌月の雑誌「芸術新潮」（昭和30年6月号、新潮社）に、現在でも演じ続けられている新作狂言「濯《すす》ぎ川《がわ》」の作者で朝日新聞学芸部の記者だった飯沢匡《ただす》が、「狂言ブーム」という題で文章を載せた。この頃から他の媒体にも「狂言ブーム」という言葉が登場する。それ以降、何度か押し寄せる狂言ブームの走りだった。

当時、万蔵は脂の乗り切った五十代半ば。万之丞・万作は二十代半ばの若手だったが、すでにその実力は高く評価されていた。さらには万蔵の弟の三宅藤九郎、その息子の和泉保之（後の元秀）らの力を借りれば、人数物を出す事もできた。

狂言の地位向上

万蔵はさらに長年の願いも実現させる。若い頃、父と共に中国・朝鮮半島を旅公演で回って以来の海外公演だ。

昭和三十八（一九六三）年、万蔵が六十五歳の時、息子の万作が、アメリカのワシントン大学で能・狂言の研究をしていたリチャード・マッキンノンから、新設されたアジア芸術センターで狂言を教えて欲しいと依頼され、一緒に行く事になったのだ。ひと足先に行った万作の後を追って、四月に一人で渡米。週五日の授業を行いながら、合間には近辺で公演を行い面も打つ、という忙しい日々だった。九月まで滞在し一旦帰国、翌年の一月に再び渡米した。二度目は、東部や中部の主要都市を公演して回った。狂言だけの海外公演は、まだどこの家も行っていなかった時代だった。

この経験の中で、万蔵は、言葉が解らない外国人にも狂言は受け入れられると確信した。それが自信となって、昭和四十（一九六五）年には「野村狂言団」の団長としてヨーロッパを公演して回った。

万蔵家が台頭して行く中、昭和三十九（一九六四）年には、子どもの頃から万蔵と競い合っていた山本東次郎、翌年には狂言方で初めて「人間国宝」となった善竹彌五郎が相次いで亡くなり、東京の狂言界は、万蔵を始めとする五世野村万造から流れ出た血脈が席巻する事になった。

万蔵は、昭和四十二（一九六七）年、彌五郎に次いで狂言方では二人目の「人間国宝」となる。昭和四十五（一九七〇）年には、日本芸術院賞を受賞し、昭和四十九（一九七四）年には日本芸術院会員となった。父が数々の栄誉を受けるのを見て、万作は「狂言の地位の向上を象徴した出来事」に思えたという（『太郎冠者を生きる』）。

名人芸の兄　理論家の弟

若い時の万蔵は真っ直ぐな固い芸風だったが、年を重ねると共に、型から離れて自由自在になっていった。万作は、晩年の父が太郎冠者物の「木六駄《きろくだ》」や一人狂言の「見物《けんぶつ》左衛門《ざえもん》」で、写実と様式のバランスがよくとれた、観客と一体化した舞台姿を感じさせたことを振り返っている。「おれと同じことをやったって、おれ以上にはなれないんだぞ」（同）と言われたといい、真似ばかりしないで個性をのばせと教えたかったのだろうとその気持ちを汲んだ。

能楽研究で初めて文化功労者に選ばれた横道萬里雄は、能楽など日本の伝統芸能を舞踊的要素と音楽的要素が結合した「楽劇」として捉える事を提唱した。その横道が、晩年の万蔵の芸について「当時の万蔵の芸は、全くの名人芸であった」とした上で、「楽劇としての狂言の魅力を、つねにたっぷりと味わわせてくれたのは、万蔵だけだったのである。技術的には、先代（三世）東次郎、先々代（二世）東次郎の芸も立派だったし、先々代（十一世）千五郎にも独特の風格があったが、演目によっては硬さが目立ち過ぎたり、締まりがなかったりする不満があった。万蔵はその点、重厚な役にも、軽妙な役にも、過不足なく対応して、常に観客を満足させた」（『狂言三人三様 野村万作の巻』）と評している。時として、非常に厳しい評を書く事もある横道にしては珍しい絶賛ぶりだ。

万蔵が到達した境地を能楽専門の出版社「能楽書林」の社主で見巧者だった丸岡明は、「江戸前狂言」と名付けた。洗練された軽妙洒脱な芸風という意味だろう。今では、すっかり万蔵家の芸風を語る場合の代名詞になっている。

一方、弟の三宅藤九郎は、兄と違って父の萬斎譲りの写実性に優る芸風だった。兄の万蔵はその芸風に批判的で、「おじいさんの悪いところが似ている」と言っていたという（『狂言を生きる』）。若い頃の藤九郎について、能楽評論家の柳澤澄は先の「野村万造論」の中で、万蔵と対比して「器用さに於いては却て令弟の万介氏に譲るであろう」としている（「能楽」昭和10年4月号）。

幅広い古典芸能に精通していた演出家の武智鉄二は「若い頃の藤九郎さんには、芸に厚手なところがありましたものね、本人は意識されないでしょうけれど……。たしかにうまいのですが、なにかこう、いやみなところがあったんです」と、後年、藤九郎の長男である和泉元秀に語っている（『対談集　狂言でござる』和泉元秀、講談社）。器用な人にありがちだが、若い頃はこれでもかと上手さを見せ付けるところがあったのだろうが、年を重ねる内に練れてきたのだろう。

藤九郎は、職人肌の兄と違って理論家でもあった。狂言の研究者で早稲田大学教授だった安藤常次郎は、狂言小歌の話と実演のために大学に来た藤九郎と知り合い、同じ狂言研究者の古川久らに声を掛け、毎月、狂言研究会を始めた。安藤は、初対面で「この人は相当な理論家だと思った」といい「研究的な話題についても、われわれの納得のゆくように話してくれて、頭のよさをいつも感じる。この人が大学教育をうけていたら、研究家としても第一流の人になり得たであろうと思うほどである」と藤九郎の資質を高く評価している（「能」昭和22年5月号、能楽協会雑誌部）。甥の万作も藤九郎について「父と質が違い、行動も違っていましたが、非常に研究熱心で緻密でした」と評している（『狂言を生きる』）。

また、藤九郎は文才があり、新作や上演が途絶えた曲を復活させる復曲に積極的だった。新作は、大正十三（一九二四）年に「バラック盗人」を皮切りに三十三作を作り、その内、二十七曲が何らかの形で上演された。類い稀な多作振りだ。復曲は、演者が三十人を超える狂言最大の曲「唐人相撲」や舞台上で髷を結うところを見せるという一風変わった趣向の「麻生《あそう》」など、十曲ほどになる（『日本古典芸能と現代 能・狂言』）。

藤九郎の文才ぶりを示す活動で、もう一つ特筆すべきなのは、小冊子の発刊だ。年五回の例会と秋の別会があった万蔵家の狂言会「よいや会」にあわせ、松野奏風、能楽・日本舞踊・邦楽の研究者で評論も手掛けた松本亀松、兄の万蔵らと共に「狂言」を編集し配布した。昭和十二（一九三七）年二月の第一号に掲載されている「発刊のことば」では、狂言の「醍醐味の普及に努力すべく」と発行の意義を述べ、「狂言界は、流儀を超越し、相呼応して奮い立つべきである！」と理想を掲げている。現在では、野村万蔵・三宅藤九郎家の主張と活動を知る貴重な記録だ（「狂言」はその後休刊するも、戦後、万之丞と万作らによって一時復刊）。

また、最終的にはうまくいかなかったものの、和泉流の各家によって異なる仕様だった台本を統一しようと動いたりもした（「能楽画報」昭和16年1月号）。また、流儀や家を超えた「狂言協会」設立の提唱もしている（「狂言」昭和12年6月号）。

昭和五十四（一九七九）年、藤九郎も兄と同じく「人間国宝」に認定された。狂言に限らず伝統芸能の世界では、家名を背負った長男がどうしても優位で、次男以下は実力があっても栄誉を逃す事もある。その中で、万蔵が亡くなった後とはいえ、次男である藤九郎が「人間国宝」に認定されたのは画期的な出来事だった。

狂言の地位向上に大きな功績を残した兄弟は、万蔵が昭和五十三（一九七八）年に七十九歳、藤九郎が平成二（一九九〇）年に八十九歳で亡くなった。

「人間国宝」の三兄弟

万蔵には、昭和五（一九三〇）年に長男の太良《たろう》、翌年に次男の二朗が、相次いで生まれた。三男は幼くして亡くなったが、その後も十一（一九三六）年に四郎、十四（一九三九）年に悟郎と続いた。

成長した太良は東京音楽学校邦楽科、二朗は早稲田大学文学部国文学科へ進んだ。大学時代の二朗を教えたこともある安藤常次郎は、この頃、バスに偶然乗り合わせた万蔵が「自分の子供にはつづけさせる勇気がありません。シテ方と違っていろいろな点でみじめですからね。そこでわたくしも、自分一代にして子供にはやめさせようと思いましたが、長男の太良はつづけると申します。本人がそう云う以上、家の芸でもありますし、喜んでつづけさせることにしました」と言うのを聞いた（「能」昭和22年5月号）。二朗の大学の入学金を、客用の布団を売って工面しなければならないほど余裕の無い生活を送っていた万蔵にとって、狂言は子どもたちに積極的に継がせる気にはなれない稼業だったのだ。

しかし、跡を継ぐことを決めた太良のため、万蔵は実践的な稽古の場として「冠者会」という会を設けた。昭和二十一（一九四六）年十一月、東京女子高等師範学校の講堂で開催された第一回公演では、狂言の合間に、一日目は哲学者で文部大臣も務めた安倍能成、二日目は英文学者で能・狂言にも造詣が深かった法政大学総長・野上豊一郎といった大物文化人の講演が入った。破格の催しが出来たのは、万蔵が戦前から培った人脈があっての事だった。強力な後ろ盾を得る事は、長い間、能に比べて低く見られていた狂言の地位向上に役立った。

昭和二十五（一九五〇）年十月には、戦災で焼け落ち、再建されたばかりの水道橋の宝生能楽堂で、初世萬斎の十三回忌追善の狂言会が開催され、太良が狂言師の卒業論文とも言われる「釣狐」、二朗が「三番叟」と「奈須与市語」という、狂言方にとっては重要な曲を初めて演じ、四世万之丞と二世万作をそれぞれ襲名した。二十歳と十九歳だった。

万之丞のために始まった「冠者会」は、襲名の翌年から万作と二人の会になった。昭和三十（一九五五）年から続いていた「白木狂言の会」は、白木屋の経営不振が原因で、三十八（一九六三）年に幕を閉じ、四十（一九六五）年には「冠者会」と万蔵の「万蔵の会」が合体して「野村狂言の会」となった。

昭和五十三（一九七八）年に父の万蔵が亡くなってから暫く間を置いて、平成五（一九九三）年、万之丞は「万蔵」の名跡を襲名した。七世万蔵の誕生だ。

万蔵・万作は、年子ということもあり、長い間共演し、競い合いながら舞台を重ねて来た。その為、比較して語られることも多かった。横道萬里雄は、父の重厚な品格が兄の万蔵に伝わり、軽妙洒脱な風格が万作に伝わったとみていた。

早稲田大学演劇博物館館長を務めた能楽研究者の竹本幹夫は、二人の芸に共通するのは「一点一画をおろそかにしない、楷書の芸なのだと思う。自分の思い付きで場当たり的に演じ変えていくという、即興の人ではない」と指摘している（『狂言三人三様　野村万作の巻』）。

小林責は、ともかく秀才の兄弟であったとし、「二人とも、台詞が明瞭、所作は的確で、それに声がよく謡がうまかった」「『水汲《みずくみ》』などはすっきりしたスマートな演技で謡のうまかった万蔵・万作によって完璧なものになったのでして、兄弟がどちらの役をやっても見事なものでした。（中略）狂言を単に軽妙滑稽な芸でなく、歌舞を基本においた品位のある演劇に高めていこうという若いときからの意図はかなりの数の曲で実を結んでいるのです」と絶賛している（『日本古典芸能と現代　能・狂言』）。

その上で、小林は、父の六世万蔵と比べ、二人の一曲を演じる時の時間が長くなっていることを挙げ「台詞をしっかりいう、台詞と台詞の間にコミ（心の中で計る間《ま》）をとる、といったことが、こういう違いになったのだと思います。立派なのはいいのですが、立派すぎると、狂言が本来もっていなければならない洒脱さや軽みを失うことになりかねません」と苦言を呈している（同）。

万蔵は昭和六十二（一九八七）年に日本芸術院賞を受賞、平成九（一九九七）年に「人間国宝」となり、二十（二〇〇八）年には文化功労者となり、令和元（二〇一九）年には文化勲章を受章した。

万作も、兄と同様の道を歩む。平成二（一九九〇）年に日本芸術院賞を受賞、十九（二〇〇七）年には「人間国宝」となり、二十七（二〇一五）年には文化功労者に選ばれた。
悟郎（万之介）も狂言方として活躍していたが、平成二十二（二〇一〇）年、七十一歳で亡くなった。

四郎も、兄たちと同様に、幼い頃から狂言の稽古をしていて、十代の前半までは舞台にも立っていた。しかし、昭和二十七（一九五二）年、十五歳で観世流宗家・観世元正の内弟子に入る。さらに二十歳の頃、観世寿夫を慕って密かにその門を叩いた。四郎はこの頃のことを次のように回想している。
「ご宗家におやすみなさいと言ってご挨拶して、布団を持ち上げてふくらませて寝てるような格好にして、それから抜き足、差し足、忍び足で、まるで狂言のように、出ていきました。稽古は大概十一時ぐらいから始まって、十二時半ぐらいか、あるいは一時ぐらいまで」（『芸の心　能狂言終わりなき道』野村四郎・山本東次郎、藤原書店）
四郎は、シテ方として高い評価を得て、平成十八（二〇〇六）年に日本芸術院賞を受賞、二十八（二〇一六）年には「人間国宝」になったほか、東京藝術大学教授も務めた。
令和三（二〇二一）年、八十四歳で亡くなるが、晩年には観世流としては最高の栄誉である「雪号」を受け、「幻雪」を名乗った。

三役（ワキ方・囃子方・狂言方）の家に生まれながら、シテ方に変わるという例は、なくはないが、「人間国宝」にまでなったのは四郎以外いない。

実の兄弟二人が「人間国宝」に認定されたのは、父の六世万蔵と九世藤九郎の例があるが、三人というのは空前絶後の事だ。

ちなみに「人間国宝」は、マスコミが、建築などの有形文化財の国宝に匹敵するほどの価値があるということを解り易く伝えるため作り出した俗称で、正式には「重要無形文化財各個認定保持者」という。他の顕彰と同じように文化人としての栄誉としてとらえられているが、本来は重要無形文化財に指定されている分野の後継者育成が役割だ。能や歌舞伎のように、一人では成り立たない芸能については、総合認定保持者という制度もあるが、こちらに認定されていても「人間国宝」とは言わないし、各個認定保持者と比べると人数もはるかに多い。能・狂言の世界でプロとして認められた、能楽協会会員は約千百人いるが、その中で「人間国宝」は十人前後しかいない。

文化勲章は、文化人として最高の栄誉。文化功労者は、終戦後、社会が混乱している中で、優れた文化人が高齢となり、経済的に困窮している事例が国会で取り上げられた結果創設された制度で、いわば文化人に対する年金制度だが、実質的には文化勲章に次ぐ栄誉とされている。

また、三人とも受賞した日本芸術院賞だが、会員以外で、芸術における業績が認められる者に対して毎年授与されている賞だ。

現状では、ここで挙げただけではなく、ありとあらゆる栄誉が、野村万蔵の一族に集中している。これも、百数十年前、五世万造が金沢から上京するという大きな決断がもたらした結果だ。

第五章　異質な血

華麗なる一族

二世萬斎には、五世野村万造（初世萬斎）を源流に広がった名人の血脈の他に、もう一つの血が流れている。母である若葉子《わかばこ》から受け継いだ血脈だ。

狂言に限らず、古典芸能の役者の結婚相手は、同業者か、その周辺、あるいは後援者となるような商売をやっている家の娘が多い。しかし、萬斎の父である万作は、全く違うタイプの相手を求めていた。「旧来の価値観に対して多少なりとも変革したい、あるいは抵抗の気持ちがあったわけで。だからこそちがう世界の人を求めた」と、その時の気持ちを語っている（「ミセス」平成13年8月号、文化出版局）。萬斎は「うそかまことか、父が『洋館に住むお嬢様』にあこがれて結婚した」（『萬斎でござる』）としているが、若葉子は、まさに、その通りだった。父は、文部官僚からお茶の水女子大学教授になった阪本越郎だ。一族の中には高級官僚が多く、貴族院議員や衆議院議員を五人も輩出している。その他にも、文化勲章を受章した永井荷風、文化功労者となった高見順といった日本文学史上に名を残す作家もいる。若葉子自身、子どもの手が離れた頃から詩を書き始め、二冊目の詩集『どうするマックス？』は詩の芥川賞といわれるH氏賞の候補になった。

万作は、若葉子が通っていた東京女子短期大学の狂言研究会の指導をしていた。知人の紹介で知り合った二人が結婚したのは、昭和三十五（一九六〇）年四月。若葉子の卒業式から十日しか経っていなかった。

若葉子の曾祖父、萬斎からすると高祖父にあたる永井匡威《まさたけ》は、尾張国・鳴尾（現・名古屋市南区）で、名字帯刀を許された豪農・永井家の当主だった。永井家はもともと戦国時代の武将で、下総国古河藩の藩主となった永井直勝の庶子だった正直に始まるとされる。

匡威には、五人息子がいた。長男は本名匡温《まさはる》、久一郎を通称としていた。尾張藩の漢学者・鷲津毅堂に師事した後上京し、慶應義塾や東京大学の前身である大学南校で学んだ。藩の留学生に選ばれアメリカへ留学し、帰国後、東京大学工学部の前身である工学寮で語学を教えた。その後、文部省・内務省などに勤務したが、文部省会計局長を最後に退官し、日本郵船上海支店支配人に転じた。少年の頃から漢詩を作り、三年にわたる上海赴任中も漢詩作りに打ち込み、地元の文化人とも交流を深めた。帰国すると、旧武家屋敷を購入し、「来青閣」と名付けて、庭には漢詩に詠まれた草木を植えた。晩年は、そこに同好の士を招き会を催すなど、漢詩三昧の生活を送り、漢詩集『来青閣集』などを残した。

この久一郎の長男・壮吉が、『あめりか物語』『ふらんす物語』『濹東綺譚』『断腸亭日乗』などの名作を残した作家の永井荷風だ。

匡威の次男の正履は地元に残り、匡温に代わって、永井家の家督を継ぎ、代々の当主の名である松右衛門を襲名した。明治時代初期に、銀行や印刷会社の設立に関わる一方、愛知県会議員となり地方政界に進出。東京米商会所の肝煎として経営に関わる事になったのを契機に上京し、日本生命保険副社長、東京米穀倉庫社長などを務めた。明治二十三（一八九〇）年の第一回衆議院議員選挙に初当選。二期務めた後、政界を退き、その後は愛知県内の企業の相談役や顧問を務める傍ら、農業関係団体の役職を歴任した。松右衛門の長男・松三は、東京帝国大学法科大学を卒業し、外務省へ入省。通商局長・ベルギー大使・外務次官・ドイツ大使などの要職を歴任した。昭和十二（一九三七）年には、三年後に予定されていた「幻の東京オリンピック」の組織委員会事務総長に就任。その後、国際オリンピック委員会（ＩＯＣ）委員にも選ばれた。戦後の昭和二十一（一九四六）年には、勅選で貴族院議員となった。

匡威の三男が、若葉子の祖父に当たる釤之助《さんのすけ》だ。

釤之助はその才を見込まれ、帝国議会が開設されるまで国の唯一の立法機関だった元老院の議官・阪本政均《まさひら》の婿養子となった。政均は、幕臣から明治政府に入り、司法畑を歩いた大物官僚だ。義父の後押しもあったのか、釤之助は内務官僚として順調に出世し、明治三十五（一九〇二）年に東京府書記官から福井県知事となり、四十（一九〇七）年には鹿児島県知事に転じた。四十四（一九一一）年には、官選の名古屋市長となり、近代都市として発展しようとしていた市の都市計画の礎を築いた。また「蘋園《ひんえん》」と号し、漢詩・書を得意とする文人市長としても名を残した。

市長在任中から貴族院議員を兼ねていたが、几帳面な性格で、必ず法案を議席に持って行き、その要点を書き出した上で可否を決めていたと言われる（『若槻礼次郎自伝 古風庵回顧録』若槻礼次郎、読売新聞社）。市長を辞めた後、地元で、小作料の減免要求を発端として地主側と小作側が対立すると、貴族院において小作側を非難する演説を行うなど地主出身の官僚らしい態度に終始した。昭和九（一九三四）年に貴族院議員を退くと、二年後に亡くなるまで枢密顧問官を務めた。枢密院は、天皇の最高諮問機関と位置付けられ、時として内閣を凌ぐ権力を持つ事さえあった。官僚上がりとしては最高の地位にまで上り詰めた事になる。

しかし、甥である永井荷風は、彭之助を俗物と嫌悪し、その生き方を風刺的に描いた小説「新任知事」を書いた。功名心と虚栄心に満ち、出世欲に凝り固まった夫妻が、夫の県知事就任直後に相次いで病死するというストーリーだ。これを読んだ彭之助は激怒して荷風と絶縁した。

匡威の五男、大島久満次《くまじ》は、東京帝国大学法科大学を卒業後、衆議院や法制局に勤務した後、台湾総督府に転じ、ナンバー2にあたる民政長官や、神奈川県知事、衆議院議員などを務めた。

祖父と永井荷風・高見順

若葉子の父である越郎は、明治三十九（一九〇六）年、釤之助の次男として生まれた。釤之助が福井県知事として赴任した時に、現地で生まれたので、越前に因み「越郎」と名付けられた。旧制の芝中学・山形高等学校を経て、東京帝国大学農学部農学科に入学するが、文学部心理学科に変わる。大学卒業後、東京市に入るが、一年で文部省へ転じる。日本出版文化協会を経て、戦後、お茶の水女子大学教授となった。経歴だけを並べると戦前の典型的なエリートだ。

文部省から国立のお茶の水女子大学教授というコースは、ありがちな天下りと思われるかもしれないが、越郎の場合は違っていた。文部省社会教育局で視聴覚教育を担当したのをきっかけに、視聴覚教育の研究を始め、その実績を買われての事だった。また、大学時代から雑誌に詩を発表するなど、モダニズムの詩人として活躍しており、特にドイツ詩に精通し、評論活動も行っていた。文部官僚の仕事の傍ら、『雲の衣裳』『貝殻の墓』『果樹園』『海辺旅情』『益良夫』など数多くの詩集を出していた。終戦直後には、ドイツ・ロマン主義の作家・ノヴァーリスの小説『青い花』や、『雪の女王』『絵のない絵本』などアンデルセン童話を相次いで翻訳している。童話については、関心が深かったようで、『赤い蠟燭と人魚』などで知られる小川未明の童話集の解説も書いている。

越郎は、戦後の教育改革の中で、教科書への詩の導入にも大きな役割を果たした。昭和二十四（一九四九）年から昭和三十六（一九六一）年までの間に、越郎の詩論が十一社の中学校教科書に計二十一回、掲載されている（幾田伸司「昭和二〇年代の詩教育における阪本越郎の詩教育論」『国語科教育』41巻）。

越郎の妻・美登里の父は、日本傷害火災海上社長などを務めた粟津清亮《きよすけ》だ。

越郎には、兄と弟がいた。兄・瑞男《たまお》は外交官。旧制の東京府立第一中学・第一高等学校を経て、東京帝国大学法学部へ進み、戦前のキャリア官僚の採用試験である高等文官試験にも合格し、外務省へ入省した。非の打ち所がない経歴だ。主にヨーロッパを舞台に外交官として活躍し、本省へ戻り欧亜局長を務めた。体調を崩し軽井沢で静養していたが、スイス公使として再びヨーロッパへ赴任。ドイツの敗戦を早くから予見し、終戦工作に奔走したが、終戦の前年・昭和十九（一九四四）年に現地で亡くなった。

越郎の弟の鹿名夫《かなお》は、父の鹿児島県知事在任中に身ごもり、名古屋市長となってから生まれた事から、土地の名を一字ずつ取り、鹿名夫と名付けられた。東京工業大学卒業後、大成建設の前身である大倉土木に入社し、戦時中は海軍の技術将校をしていた。終戦で復職するが、やがて退職して建築事務所を設立。国の登録有形文化財になっている三重県の朝日町立朝日小学校を始めとした円形校舎や円形病院など、全国各地で円形建築の設計を手掛け、「坂本鹿名夫」の名前で、日本の建築史上に名を残した。

越郎の妹は、内務官僚から戦後、衆議院議員となり、自民党政権で厚生大臣・法務大臣を歴任した古井喜実《よしみ》に嫁いでいる。

越郎には、もう一人弟がいた。彰之助が福井県知事在任中、地元の女性との間にもうけた婚外子で、越郎とは一つ違いだ。幼い時に母に連れられて上京し、二人だけで暮らしていた。母方の姓である高間芳雄と名乗っていたが、長兄と同じく旧制の東京府立第一中学・第一高等学校へ進む。在学中、社会思想研究会に入り、当時流行していたダダイズムの雑誌「廻転時代」を創刊。東京帝国大学文学部へ入学した後は、雑誌「文芸交錯」創刊に関わるなど、熱心にプロレタリア文学運動に参加した。卒業後も、出版社やレコード会社で仕事をする傍ら、日本プロレタリア作家同盟（ナルプ）に参加。昭和八

（一九三三）年には治安維持法違反の容疑で逮捕されたが、転向を表明し、半年後に釈放された。昭和十（一九三五）年には、饒舌体と呼ばれる手法で『故旧忘れ得べき』を発表。これが第一回芥川賞の候補となり、作家・高見順として、世に知られるようになった。

翌年、作家として生きて行く決意をし、レコード会社を退職。陸軍報道班員としてビルマや中国へ派遣されたのを挟み、作家活動を続け、小説『如何なる星の下に』『わが胸の底のここには』や詩集『樹木派』『わが埋葬』、また『高見順日記』等を著した。

昭和四十（一九六五）年に亡くなる頃には、時代の寵児として持て囃されていた。死の直後、作家としての業績と共に、日本近代文学館設立への功績などが認められ文化功労者を追贈された。

高見は、自伝的小説『私生児』の中で、釥之助について「私を彼女に生ませた、彼女の夫ではない私の父親」と複雑な思いを込めて表現し、自分たち親子を顧みることの無かった冷徹な父への怨嗟と、世間から蔑まれながら生きて来た親子の苦悩を綴っている。栄達を極めた釥之助だったが、その生き方は、甥である永井荷風と、息子である高見順の両方から、世間に向かって激しく糾弾される事となった。

越郎は、従兄の永井荷風、腹違いの弟の高見順、二人の葬儀に参列した。荷風は、今で言う孤独死だった。死自体は、ストリップ小屋に入り浸っていたことに象徴される永井の奔放な行動もあり、マスコミに大きく、そしてスキャンダラスに取り上げられたが、葬儀は文化勲章を受章した大作家にしては、随分とひっそりとしたものだった。越郎は、これを永井が自ら願ったことだとしている。それに比べ、高見順の葬儀は「芥川比呂志氏の詩の朗読がなかったら、実業家のそれと異るところがない華やかな葬儀であった」という。暗い出生から始まる複雑な高見の心の内を分析し「彼の立派な葬儀もついに、花に飾られた虚無だと、私は思う」と客観的、かつ冷静に結んでいる（「本の手帖」昭和40年10月号、昭森社）。

感性と知性

狂言に限らず、古典芸能の家に生まれた「家の子」は、純粋培養で育っているため、概して世間知らず、良くも悪くも世間一般の常識とはズレているところもある。

その中にあって萬斎は、常識的な人間だ。時には、官僚や大企業のエリートサラリーマンと話しているような気になるほどだ。

萬斎は、古典芸能の役者としては珍しく戦略家でもある。時代の変化、自分が置かれている立場など、様々な要素を的確に分析し、将来を見据えながら動いている。衰退傾向にある能楽界において客寄せパンダになることも厭わない。

その一方で、人気に溺れず、自分をアイドルのように追い掛け回すような一部のファンの行動を冷静に分析し「映画やテレビで話題になっても、三年くらい経てば忘れられてしまう」と言って、忘れられそうになると何かしら、能楽堂や劇場に足を運ぶことが無い人たちの話題にも上るような仕事をする。

行動の裏側には、常に整然とした理屈と常識的な判断がある。出演作の選び方一つ取っても、批判や失敗を恐れず、何にでも挑戦しようというのではない。理に適っている。他の能役者には見られないような、社会の動きを敏感に捉えながら練り上げられた中・長期的なキャリアデザインも感じられる。

かつて能・狂言の家では、子どもの教育は、学力は二の次で、芸を磨くことが優先された。学歴など、かえって邪魔になると思われていたのだ。戦前は、大学に進学する者は珍しく、狂言では三世山本東次郎が東洋大学に進んだくらいだった。戦後は、社会全体の学歴上昇の中で、取り敢えず大学に進むのが一般化したが、中学・高校は、舞台出演や稽古に支障が無いよう、何かと融通を利かせてくれる私立を選ぶことが多い。裕福なシテ方の場合、小学校から私立というのも珍しくはない。

その中にあって萬斎は、東京教育大学（後の筑波大学）附属小学校に入学し、そのまま中学・高校と進んだ。能・狂言の家の子で、国立の小学校は異例だった。東京教育大学附属小学校は東京高等師範学校附属と呼ばれていた戦前から、官僚や学者など山の手に住むエリートの子弟が多かった。男女共学で、定員百三十人ほどのところに、毎年大勢の志願者が押し寄せ、倍率は約三十倍に上る。筆記・実技試験の前に抽選があり、合格しても、また抽選がある。全国の入試のある小学校の中でも有数の難関校とされるが、萬斎はそれを潜り抜けて合格した。

大学は、他の能・狂言の家の子と同じように、東京藝術大学音楽学部邦楽科へ進んだ。大学受験の追い込み時期である高校三年生の夏休みは、丁度、黒澤明監督の映画「乱」の撮影と重なり、「片手には台本ではなく、『デル単』を持っていた」（『狂言サイボーグ』野村萬斎、日本経済新聞社）としているが、入学に当たっては実技の比重が高いから、それほどの切迫感があったとは思えない。萬斎は「『狂言師になれ』とは一度も言わない父であったが、『東大に行け』とは無責任に言っていた」とも記している（同）。筑波大学附属高校は、東京大学の合格者を毎年三十人以上出していることを考えると、万作が言っていたことは、あながち冗談でもなかった。

萬斎が、こういった「家の子」としては特異な道を歩む事になったのは、やはり母である若葉子から受け継いだ血脈にあると言って間違いは無いだろう。

萬斎の母方の家系は、肩書だけ並べると官僚や政治家が多い。立身出世を目指すのが自明の理とされた戦前の日本の知的エリートらしい経歴が並ぶ。しかし、漢詩に打ち込んだ永井久一郎にしても、詩人でもあった阪本越郎にしても、裕福な旧家の出に相応しい文化的な素養と、そうしたものに対する強烈な欲求が見られる。さらには、それらが凝縮されたような永井荷風や高見順のような人物もいる。そして、その生き方は反逆的で、一筋縄では行かない。官僚・政治家でありながらそれらしくなく、文化人でありながらどこかその枠をはみ出した生き方——これは萬斎の生き方と共通しているのではないだろうか。

万作と若葉子の結婚は、二人が意図したものではなかったにしろ類い稀な「閨閥」を作り上げた。

野村家の「感性」「身体能力」と阪本家の「知性」「論理的能力」という、強力で異質な血が混じり合い誕生したのが萬斎だ。

第六章　父の轍

「違いがわかる男」

野村万作は、萬斎が登場するまで、間違いなく世の中で最も広く知られた狂言師だった。というよりも、大半の人は、狂言師と言えば万作しか知らなかった。

万作の名が、狂言を一度も見た事の無い人にまで知られるようになったのは、昭和五十二（一九七七）年に、インスタントコーヒー「ネスカフェ ゴールドブレンド」のＣＭに出演した事による。フリーズドライ製法という技術を使い、インスタントコーヒーとしては少し高めの価格で、高級感を印象付けようと制作されたＣＭのアイコンとして、文化人ムード漂う気鋭の作家や作曲家らが登場した。狂言師としては万作が最初の登場となった。

精神的にも肉体的にも厳しい曲である「釣狐」の稽古をしている場面の後、コーヒーを飲みながら洋服姿の万作がくつろぐ映像が映し出される。テーマ音楽に、「違いがわかる男のゴールドブレンド」というキャッチコピーが重なるという構成だ。商品を前面に出さないイメージ型CMの先駆けだった。このCMで、万作は書斎に置かれたソファに座り、カップを手に取り、ゆっくりとコーヒーを飲む。知的な雰囲気に満ち溢れていて、まるで哲学者か学者のようだった。実際、万作は、それまでの狂言師とは異質だった。

「芸術家」への決意

万作は、昭和六（一九三一）年、六世万造（後に万蔵に改名）の次男として生まれた。本名は、二朗という。両親、兄の太良に加え、祖父の初世萬斎、祖母、祖父の母である曾祖母、それに後に九世三宅藤九郎となる叔父の万介まで同居する大家族だった。

二朗は、はじめは祖父の萬斎から狂言の手ほどきを受けた。子どもの頃なので、祖父の芸については記憶していないというが、「能や狂言が六百年前からの伝統を受け継いでいる、というふうに簡単に言われるが、自分の肌で受け継いだ伝統というのは、やはり直接習った人との触れ合いから始まる。たとえば、私は最初は祖父に習ったし、伝統としては、父から祖父までさかのぼれる芸質を自分の中にもっていると考えられる」としている（『太郎冠者を生きる』）。

昭和九（一九三四）年、二朗は三歳で和泉流の慣例に従い「靫猿」の猿で初舞台を踏む。猿曳きが萬斎、大名が万造、太郎冠者が万介だった。初シテは翌年、「痺《しびり》」の太郎冠者だった。「痺」は二人狂言で、相手役は萬斎が演じた。

昭和十三（一九三八）年に萬斎が亡くなると、二朗は、父の万蔵（萬斎が亡くなった後、万造から改名）から稽古を付けてもらうことになる。万作は、万蔵のことを「子供を教えるのが大変上手な人」だったとして、「厳しいと同時に、うまい、そして気を入れた稽古を私の六歳ぐらいからしてくれた」と振り返る（同）。

二朗が、旧制の都立第五中学に入学した昭和十九（一九四四）年、当時住んでいた田端の家が、空襲で焼け落ち、ほとんどの装束・道具類を失った。

「戦災にも遭い、学校へ行っても、焼跡の整理とか、富士の裾野での野営とか、そんなことばかりやらされたから、中学校の思い出は楽しいことが少なかったし、舞台の方も、戦争が激しくなるとあまりなくて、私も記憶に残るようなことはやっていない」（同）

というが、焼け出されて椎名町へ引っ越した頃に終戦を迎えると、明るさが戻って来た。

劇場が再開し始める中、友人に感化され、歌舞伎・演劇・レビュー・新劇など様々な舞台を見るようになり、視野が広がっていった。

万作の手元には、裏に「がんばれ、芸術家」と書かれた旧制中学の制帽制服姿の写真が、今も残っている。万作はこの写真について、なぜそんなことを書いたのかは解らないが、芸術家は狂言師の意味ではなかった、その頃は演劇の世界に魅了されていたと述懐している。

この頃、アドをつとめることが多かった。一般的に言えば、シテが主役だとすれば、アドは脇役だ。なぜそうだったかと言えば、稽古に熱心では無かったことが反映していた。自意識が目覚めると共に、型通りのことを師匠から教わった通りにやらなくてはいけないことに疑問が芽生えたのだという。もう一つ、身分関係がつきまとう楽屋の雰囲気も好きになれなかった。能の世界では長い間、狂言方は、シテ方は言うに及ばずワキ方や囃子方よりも低く見られていた。

二朗は広く演劇を学ぼうと、演劇研究が盛んな早稲田大学への進学を目指し、旧制の中学四年を終えると、旧制高校に相当する早稲田大学の第二高等学院へ入学する。昭和二十四（一九四九）年は学制改革に当たり、一年で新制の早稲田大学文学部国文学科に入学した。

入学すると出来たばかりの歌舞伎研究会へ入り、毎月のように歌舞伎を観に行った。良いと思うと何度も観るほど熱中した。歌舞伎座は空襲で焼け落ち、築地にあった東京劇場で行われていた。歌舞伎への興味は、狂言をもとに作られた「棒しばり」や「素襖落」からだった。だが、最初は、狂言の堅苦しさと比べて、自由闊達に演じているのが羨ましく思えたが、何度も観るうちに人によってはおどけすぎた演技が気になりだした。

「先代吉右衛門（初代中村吉右衛門）の時代物の悲劇的調子にひかれ、その後六代目（尾上）菊五郎の写実の芸に最も共感を覚えるようになった」（同）

菊五郎と吉右衛門は、歌舞伎に近代的な解釈と写実性を加えていた。芸域が広く、当たり役も多かった。明治時代末から昭和前半に掛けての活躍は目覚ましく「菊吉時代」と言われた。能楽界には、まだ演劇の写実性を蔑む風潮が残っていたが、二朗は、歌舞伎を観続ける中で、「いろいろな演劇を観るのと同じ目で、先輩たちの狂言の舞台を観るようになったが、その舞台を通して、当然の事だが狂言も劇である、すばらしくリアルな演劇である」と確信するようになる（同）。

だが、大学へ入り一年ほどすると、二朗の気持ちは狂言へと戻り、歌舞伎へはすっかり通わなくなっていた。一般の大学、それも演劇研究が盛んな早稲田大学に進んだお陰で、多くの友人と付き合うことができ、彼らが自分の演技や狂言に対して好き勝手を言うことで、井の中の蛙にならずにすんだ、と述懐している。

二朗の姿勢は大きく変わっていった。ただ父からあてがわれた役をやるだけではなく、自由に役が選べる大学の能楽連盟や歌舞伎研究会主催の会では、どんな曲のシテをやりたいか、はっきりと意識して演じるようになった。

二朗は父に、狂言で生きて行くことを伝えた。時代は、狂言の黄金期だった。技巧を感じさせない素朴な味わいの茂山忠三郎、上方風の庶民的な写実を確立した善竹彌五郎、凜とした格調高い芸風の山本東次郎ら、個性的な演者が芸を競い合っていた。和泉流だけでなく、こういった大蔵流の名人からも大きな影響を受けた。

一方で当時、「従来狂言師の指向するのは、よく狂言師らしいなどと言われるような飄々と芸に遊んでいるような舞台を言うのです。（中略）いかにことばを上手におもしろく言うかというような努力を積み重ねて到達することのできる、味の世界であると言えます」とした上で、「私どもは、そのような味の世界を一応無視して、役を演ずるという方向に目覚めていかなければ、やがては狂言も忘れ去られるのではないかと危惧を感じます」と、時代に取り残されるという危機感を背景に、それまでの狂言のあり方を批判し、「実際に私どもの稽古なり舞台なりを見ていただき、批判してほしい（中略）見る立場の方、そして学者の方も、その庶民的発生、テーマなどのみを問題視するのでなく、現在舞台で演じられている狂言を見ていただき、その上に立って私どものいろいろな問題も考えてほしいと思っています」と、才気溢れ理想に燃える二十代の若者らしい主張を、昭和二十四（一九四九）年に結成された「伝統芸術の会」の機関誌で展開した（同）。

錚々たる面々

「伝統芸術の会」には、社会心理学者の南博、近世日本文化史が専門で家元制度の研究でも知られた西山松之助、マルクス主義史学の歴史学者・松島栄一ら、著名で個性的な研究者が参加していた。能楽界からは、シテ方喜多流宗家の孫である喜多長世、シテ方観世流の観世鋕之丞家の三兄弟である寿夫・栄夫・静夫、後に「人間国宝」となるシテ方宝生流の近藤乾三の長男・乾之助、歌舞伎界からは、翌年、映画界に飛び込み時代劇スターとなる大谷友右衛門（後に歌舞伎へ復帰し四代目中村雀右衛門として「人間国宝」）、晩年に脇役で「人間国宝」となった中村又五郎、六代目尾上菊五郎の長男・尾上九朗右衛門と、こちらも個性的な顔触れだった。さらに、演出家の岡倉士朗、築地小劇場の創立メンバーでもある女優の山本安英、劇作家の木下順二といった人たちも加わり、ジャンルを超えた侃々諤々の論議が交わされた。

翌二十五（一九五〇）年には、観世喜之《よしゆき》家の謡本を出版する能楽書林の社主で、作家でもあった丸岡明の肝煎で、議論の中心を能・狂言に絞った「能楽ルネッサンスの会」が結成される。ここには、「なよたけ」で知られる劇作家の加藤道夫、ドイツ文学者で洒脱な随筆を数多く残した高橋義孝ら文化人と、万之丞・万作兄弟、観世寿夫・静夫兄弟、晩年に「人間国宝」となる宝生流の三川泉ら、有望な若手能楽師が役の垣根を超えて参加した。

その後、「能楽ルネッサンスの会」をきっかけに親しく付き合うことになった寿夫・栄夫・静夫の観世三兄弟が結成した「華の会」に、二朗も誘われて参加する。「華の会」の名前は、三兄弟の祖父である観世華雪の名前から一字を取って命名された。息子たちの様子を見て、父の万蔵は「昔だったら、シテ方と狂言方が友だちみたいに仲良くなるなんてことはなかったよ」と感慨深げだったという（同）。

昭和二十五（一九五〇）年、十九歳になった二朗は、父の幼名をもらい芸名を万作と改め、襲名披露で「三番叟」と「奈須与市語」を同時に初演した。子ども時代を終え、本格的に大人の稽古を始める入り口で、順番に初めて演じて行く、狂言方にとって重要な節目の曲だ。両方を一度にというのは、極めて異例だった。万作は「よく父が許してくれたと思うが、おそらく当時の私の情熱を買ってくれたに違いない」(同)としているが、一時期、狂言への意欲を失っていた万作は、演じるのが少し遅くなったという事情もあったのだろう。

当時の万作の情熱がわかる逸話が残っている。この頃、狂言方はどの家も熱心に学校を回っていて、万作も父や兄弟と共に各地に足を運んだ。舞台は体育館。ふだんは土足で上がっている場所だ。ある時、舞台へ出た途端、足に激痛が走った。それでも我慢しながら演じ終えた。袖に下がり足の裏を見たら、長さ五センチほどの釘が半分ほどまで突き刺さっていた。「この時だけは父にその根性をほめられた」と万作は語っているが、それ以外には父から「神経質だ、理屈っぽい、線が細いといった批判を受けた」という。万作は、技術的なものを追い求めるあまり、ゆとりのない芸になってしまい、せっぱ詰まった、習ったとおりという印象を与えたのだろうと振り返っている(同)。

昭和二十八（一九五三）年、早稲田大学を卒業したばかりの万作は、六月に万之丞との会「冠者会」で、初めて新作狂言に出演した。国文学者で狂言の稽古もしていた小西甚一が作った「瘦蛙《やせがえる》」だ。小西は俳句にも造詣があり、小林一茶の有名な句「やせ蛙負けるな一茶是にあり」から着想したものだった。一茶と弟が蛙に相撲をとらせ応援するという趣向で、いかに蛙がいるかのようにみせるかが芸の見せどころだった。

賛否両論の武智作品

昭和二十九（一九五四）年、万作は、武智鉄二の演出で、木下順二作の「夕鶴」に出演した。「夕鶴」は、二十四（一九四九）年、雑誌「婦人公論」に発表され、この年すぐに初演されて以来、これまで千回以上も上演されている。作曲家の團伊玖磨の手でオペラ化され、日本生まれのオペラの代表作にもなっている。

この時の主役の「つう」は、シテ方観世流の京都の名門・片山家の御曹司である片山博太郎（後に九世九郎右衛門）。相手役の「よひょう」を茂山千之丞、「惣ど」を万之丞、「運ず」を万作が演じた。

木下と武智が共同で台本を能の様式に手直しし、謡の部分を博太郎の父・片山九郎右衛門が節付けしてテープに吹き込んだ。その謡を基に、團伊玖磨が西洋音楽のメロディーで四部合唱用の楽譜を作り上げ、これに従って関西歌劇団の団員が歌った。歌の間には能の笛・小鼓・大鼓・雅楽の高麗笛《こまぶえ》も入った。こうした、それまでに無かった複雑な過程を経て作品が出来上がった。

「能の様式」と言っても「つう」は全く声を出さず、声楽がそれに代わった。武智は、狂言がそれまで止めていた演劇的発展を促すため、かつ新劇の人々の目を日本の伝統芸能に向けさせ、能や狂言をどうやって継承させるかという思いがあって、その一つのかけ橋としての試みだったとしている。

万作たちは能楽協会へ出演の届け出を出したが、まだ他ジャンルとの共演など「芸が乱れる」とされた時代。長老が多かった理事たちは皆、不賛成だったが、武智の活動に好意的だったジャーナリストらの記事に押されて黙認した。

万作は出演に当たって、狂言の演技が別の世界でも通用するのかどうか、狂言と自分の役者としての力を試してみたかったと語っている。

結果は、賛否両論だった。

作家であり演芸評論家でもあった安藤鶴夫は、目線がきっちり決まり、声が隅々まで通ることなど、狂言としては当たりまえのこと、そういった狂言師の舞台マナーが、劇場でも充分通用し、新劇にとっても非常に大事だと高く評価した（同）。

一方、評論家の戸井田道三は、「能様式による、狂言様式によるという別をなぜうたう必要があるのであろう。道楽に様式いじりをやっているようにみえて仕方がなかった」と武智の演出に否定的な見解を示した（「毎日新聞」昭和29年11月21日付夕刊）。

「夕鶴」の翌年には、やはり木下の作品で、武智の演出で初演された「彦市ばなし」に万作は出演した。「彦市ばなし」は、木下の郷里である熊本に伝わる民話を素材としていて、八代の方言が使われていた。主役の「彦市」は茂山千之丞、「殿様」は茂山七五三（後の四世千作）、「天狗の子」は万作が演じた。京都の「狂言を見る会」で上演された。

元の台本に大胆に手を入れた「夕鶴」と違い、「原作を一字一句削らない。同時に近代劇的な解釈に立って演じる」という方針を取った「彦市ばなし」について、狂言研究者の小林責は、「原作を一字一句変えていないのに、あの熊本弁の台詞が狂言のイントネーションと実にうまく合うのに驚きました」と評価した（『日本古典芸能と現代 能・狂言』）。

万作は、木下の作品の特徴として「木下さんの民話劇のことばは、狂言の『ござる』

調とそれほど相容れないものではなく、狂言の抑揚にすらすら乗るように書かれているし、ごく自然な感じでできたような気がする」と記している（『太郎冠者を生きる』）。

能舞台という特殊な舞台空間の使い方も見事だった。「一畳台」という、その名の通りの一畳の台の上に、能の時に山を表す「作り物」（舞台装置）が置かれていた。これが天狗の子の住家の楠であるという設定だ。彦市が、舞台後方に退くと、一畳台だけを残し、作り物は揚げ幕から出される。そして再び彦市が前に出て、台の上に飛び乗ると、もうそこは川の土手、という具合だった。こうやって「彦市ばなし」は、狂言の演出を踏襲しながら、次々と場面を転換した。万作は「武智さんの実験的な仕事として最も成功したものではなかろうか」と振り返った（同）。

武智との仕事で、万作が最も懐かしいと挙げるのは、第二章でも触れたが、昭和三十（一九五五）年、「円形劇場形式による創作劇の夕べ」で上演された「月に憑かれたピエロ」だ。イタリアの伝統的な即興喜劇であるコメディア・デラルテのキャラクターが登場する前衛的な創作劇で、万作は「ピエロ」を演じた。

万作は、舞い手は一種のオブジェのような扱いで詩の意味も解りにくく、十二音階の音もなじみのないものだったが、未知の世界との接触は楽しかったといい、「能の人と違い狂言の演者は、意味が解らないとなかなか動けない質をもっている。能は元来前衛的な抽象性をもっているし、寿夫さんはその方にも探究心があったので、彼にいろいろリードされながら稽古した」と回想した。半年後に、「狂言師の卒業論文」とも言われる節目の曲「釣狐」を初めて演じたが、「ピエロ」の再演の時、寿夫に「『釣狐』を演じた成果が出ていた」と褒められたとして、こういうふうに「古典と新しいことが結びついていく姿が理想的」と当時の心情を吐露している（同）。

昭和三十一（一九五六）年には武智の演出で、作家・武者小路実篤の小説「仏陀と孫悟空」を劇化した。しかし万作が「私は狂言の延長線上でしゃべること、動くことの可能性を試みたかったのだが、武智さんの考える実験は、われわれ能 狂言の側の求める方向と、だんだん違っていった」（同）として、これが武智との最後の仕事になった。

「楢山節考」への挑戦

他の人が設定した場ではなく、「自分たちの場で新しい試みをしなければと思った」（同）という万作は、昭和三十二（一九五七）年、「冠者会」で、小説「楢山節考」を取り上げる事にした。作家・深沢七郎のデビュー作で、その前年の「中央公論」十一月号に発表され、単行本化されるや大ベストセラーとなった、山梨県に伝わる「姨捨伝説」を基に書かれた衝撃的な作品だ。舞台となった山奥の貧しい村では、口減らしのため、七十歳になった年寄りを楢山に捨てなければならないという掟があった。この掟に抗えず、息子の辰平は年老いた母・おりんを背負い、真冬の楢山へ捨てに行く。家族を思い、自らすすんで山へ行こうとする気丈な母のおりんと、心優しい息子の辰平の心の葛藤を描いている。

早稲田大学の同級生で、後に能楽研究者として幅広い活動をする増田正造が、新作狂言の上演を目指す集まり「うそぶきの会」を結成したところだった。能楽を中心に幅広く伝統芸能を研究していた顧問的な存在の横道萬里雄が書いた脚本を使い、上演する事になった。深沢から上演の許可を得た万作たちは、「伝統芸術の会」を通じて付き合いがあり、伝統芸能にも深い関心を持っていた新劇の演出家である岡倉士朗に演出を依頼した。横道萬里雄との共同演出だった。これは、能楽と新劇、両方の演出法を取り込んで新しい舞台を作ろうという目論見からだった。

当時の能楽界では、この様な新作に、囃子方がなかなか出演してくれなかった。やむを得ず、能の笛である能管の代わりにフルートを使い、名前を出さない事を条件に小鼓を打ってもらい、それを録音して流した。

「おりん」は万作、「辰平」は万之丞が演じた。おりんはセリフがなく、首を振ったり、頷いたり、手招きするといった、しぐさだけで演じた。万作は「語りかけるような心持ちを型に込める」という意識だった（『狂言を生きる』）。

「楢山節考」は、脚本や演出の以前に、テーマからして議論を呼んだ。文化庁の芸術祭参加作品だったが、審査員の中から、その悲劇的内容に対して物言いがついた。能のテーマであって狂言のテーマでは無いというのだ。それについて万作は、狂言だから笑いでなければならないはずもないし、狂言と能が本質的に一緒になったものとして、あえて悲劇的で残酷なものをとりあげたかった、狂言能とでも呼ぶ分野を目指したときっぱり記している（『太郎冠者を生きる』）。

能楽関係者からの評価は高かった。

新作狂言に否定的だった能楽評論家の丸岡大二は「東京新聞」に「大飛出」という仮名で掲載した評で「これをしも狂言と呼ぶには、従来の観念はよほど是正されなければならない。しかし所演時間ほとんど一時間、出演総数十数人の、しかも少しもかいぎゃくや風刺やまして笑いの全くない陰惨な舞台は、すべて狂言のもつ伝統的技術と手法によって運ばれ、大きな感動を残した」と高く評価した(『日本古典芸能と現代 能・狂言』)。

その後も万作は、兄の万之丞と共にフランスの劇作家アヌイの笑劇を狂言化した「唖の一声」やイソップ物語が基になっている「伊曾《いそ》保鼠《ほねずみ》」を上演するなど、新作狂言に出演し続けた。

演劇への回帰

その後しばらくは古典へ回帰したと思われた万作だったが、自らが主宰する「万作の会」を作った昭和四十年代半ばから再び演劇と交わり始める。

「冥の会」への参加だ。

第二章でも記した通り、「冥の会」には、フランス文学の研究者で演出も手掛けていた渡邊守章、演出家の石沢秀二、俳優の森塚敏・山岡久乃といった演劇人と能楽師がジャンルを超えて集まっていた。代表には、観世寿夫が就任。能楽からは他に、寿夫の弟の栄夫・静夫、ワキ方の宝生閑、狂言方からは野村万之丞・万作兄弟らが参加していた。

万作は、「冥の会」について「初めて『演劇』という場に能や狂言の人が出ていっての実験だったような気がする」と、その意義を記している(『太郎冠者を生きる』)。観世栄夫が演出した旗揚げ公演の「オイディプース王」には、万作も「オイディプース」の妻の弟「クレオーン」として出演した。

万作は、その後もギリシャ悲劇の「アガメムノーン」「メデア」には出演したが、ベケットの「ゴドーを待ちながら」には出演しなかった。その理由について万作は「テーマは難解だし、あれだけ膨大なせりふを狂言の役者としてスピーディーにこなすことができないのではないかと思った」としている。その一方で万作は「冥の会がギリシャ劇や前衛劇を演じつづける方向に対し、もう少し身近な、日本的な土壌に根ざした作品も取り上げるべきだと私などは主張をはじめた」とも記している（同）。その主張が受け入れられ、中島敦の「山月記」「名人伝」が上演された。「名人伝」では、主役の紀昌を演じた。

「冥の会」は、昭和五十一（一九七六）年、泉鏡花の「天守物語」を最後に解散した。寿夫との間で、感情的な溝が出来ていた万作は、この公演には出演しなかった。しかし、他の分野の役者たちと共演した経験は、その後の活動に生きた。

寿夫が亡くなった翌年の昭和五十四（一九七九）年に初演された「子午線の祀り」では、新劇、歌舞伎、能楽の役者たちが共演した。演出は劇団民藝の指導者・宇野重吉らが担当した。山本安英が影の女である「影身の内侍」、民藝の滝沢修が平家に背く「阿波民部重能」、劇団前進座の嵐圭史が「新中納言知盛」、観世栄夫が「大臣殿宗盛」、万作が「九郎判官義経」を演じた。

この公演は高い評価を得て、数々の賞を受賞した。万作も紀伊國屋演劇賞を能楽師としては初めて受賞した。

万作は、シェイクスピアにも挑んだ。

平成三（一九九一）年五月、東京・新大久保のパナソニック・グローブ座で初演された、「ウインザーの陽気な女房たち」を翻案した「法螺侍《ほらざむらい》」だ。「ウインザーの陽気な女房たち」は、フォルスタッフを中心に巻き起こるドタバタ喜劇だ。舞台は、イギリスから日本に置き換えられ、フォルスタッフは「洞田《ほらた》助右衛門」となっている。「洞田助右衛門」は金に困り、二人の町人の女房に言い寄り、金をせしめようとするが、逆に散々な目に遭わされる。万作は主人公の「洞田助右衛門」を演じ、演出も手掛けた。「洞田助右衛門」はでっぷりと太った、女好きで酒好きの、どうしようもない武士。万作は腹にたっぷりと詰め物をし、大きな髭を付けた。武司時代の萬斎も、「太郎冠者」の役で出演した。建築家の磯崎新が、舞台美術としてオブジェのような鏡板を作り背景とした。「法螺侍」は、三か月後の八月、パナソニック・グローブ座で再演された。日本で初めて開催された国際シェイクスピア学会大会の主催だった。十二月には、イギリスの「ジャパン・フェスティバル1991」で、その後平成六（一九九四）年には香港やオーストラリアのフェスティバルでも上演された。

海外公演への思い

万作の活動で特徴的なのは、外国との交流だ。外国へ行って狂言を演じる一方で、外国の芸能を学び、狂言に取り込もうとした。また、外国の演劇人との交流を願ってもいた。これには、狂言が能の付属物としてではなく、独立した芸術として評価されたい、という思いがあった。狂言に対し、余計な先入観の無い外国の演劇人との交流は心地良いものだったのだ。

欧米での能公演は、昭和二十九（一九五四）年に、喜多流の若宗家である喜多実を団長に、観世三兄弟や粟谷《あわや》菊生《きくお》ら観世・喜多流の若手を中心として、イタリアの「ベネチア国際演劇祭」に参加したのを嚆矢とする。

この時、観世三兄弟らと親しく付き合っていた万之丞・万作兄弟も一緒に行く予定だったが、予算の都合で実現しなかった。万之丞・万作兄弟が、初めてヨーロッパへ行ったのは昭和三十二（一九五七）年、フランスの「パリ国際演劇祭」に参加した時のこと。ベネチアと同じく喜多実を団長とした一団で、狂言方は万之丞・万作兄弟と野村又三郎の三人だった。狂言方としては初めての欧米での公演だった。

能についての現地での評価は、真っ二つに分かれた。万作は「演劇伝統の異なることからの拒絶と、異質であるがゆえの憧憬との二つの反応があったと記している（同）。

狂言は「棒しばり」「梟山伏《ふくろやまぶし》」「蚊相撲《かずもう》」「伯母ヶ酒」など、動きがあって、初めて狂言を見る外国人にも受け入れられやすいと思われる曲を選んだ。その中で、梟の鳴き真似がある「梟山伏」は特にウケた。万作は「予想外の狂言の喜ばれ方、理解され方に自負をもち、この時の経験が、その後の海外公演への大きな支えとなった」と振り返る（同）。

万作は六年後の昭和三十八（一九六三）年、能・狂言の研究者であるリチャード・マッキンノンの招きで、ワシントン大学に新設されたアジア芸術センターで学生に狂言を教えるため渡米した。大学のあるシアトルに、春から秋に掛けての滞在予定だったが、結局、一年余りを過ごす事になった。万作だけでなく父の万蔵、兄の万之丞、弟の万之介から叔父である三宅藤九郎まで、一族が入れ替わり立ち替わり渡米して教えた。

各地で公演も行った。その中で万作はスタンディングオベーションや幾度ものカーテンコールを経験し、異国の古典演劇の伝統への敬意と、観る目の素直さを感じた。

昭和四十（一九六五）年には、観世流の「東京能楽団」に参加し、ドイツ・ギリシャなどを巡演した。この時、アテネのアクロポリスの丘、パンテオンの麓にある古代野外劇場ヘロド・アティクスでの公演を観た。ギリシャ古典劇と比較される能にとって素晴らしい環境だった、半円形の舞台を囲む大理石の観客席に五千人もの人がつめかけたが、こんなにも大勢の観客を前に能が演じられることは、かつて無かったのではないかと感慨を深くしている（同）。

ギリシャ公演の後、万作たちは日本から来た父の万蔵たちと合流して、日生劇場の派遣で「野村狂言団」として、イタリア、ベルギー、ドイツ、オーストリアとヨーロッパ各地を回った。この巡演の主目的は、日本に焦点を当てた西ベルリン芸術祭への参加だった。万蔵の演技は高く評価され、現地の新聞には、「オセロ」を演じたイギリスを代表するシェイクスピア俳優のローレンス・オリビエと並び、「この芸術祭の二代名優である」とする記事が載った。

昭和四十一（一九六六）年には、インド・ニューデリーでの国際演劇協会主催の芸術祭とシンポジウムに参加した。そこで万作は、インドの舞踊家たちと交流し、劇場でお互いの演技を見せ合い「インド舞踊の細かく柔軟な動きと、われわれの鋭角的な動きは真に対照的で、面白い交換風景であった」と記している（同）。

昭和四十三（一九六八）年には、ニューヨーク・ジャパンソサエティーとワシントン大学からの招聘を受け、「野村狂言団」として再び渡米。各地を公演して回り、ニューヨーク・タイムズをはじめとした現地の新聞に絶賛されている。

昭和四十六（一九七一）年には、アメリカとカナダで二か月にわたり、計五十一公演を行った。金春流の桜間金太郎らと一緒で、ポスターに「Noh」とだけ書かれたそれまでの海外公演とは違って「Noh and Kyogen」と銘打ってあった。

昭和四十七（一九七二）年、来日時に知り合った俳優で演出家のジャン・ルイ・バローが主催する「世界演劇祭」のためにフランス・パリを訪れた。演劇祭では様々なテーマで実演と討論が行われた。万作たちに与えられたテーマは「身体的演技・仕草」。渡邊守章を中心として、観世寿夫・栄夫兄弟、早稲田小劇場を主宰する演出家の鈴木忠志と看板女優の白石加代子が参加した。

同年、観世寿夫を中心に「世阿弥座」として、デンマーク、イタリア、ユーゴスラビアを回り、昭和四十九（一九七四）年には国際交流基金から派遣されてハワイ大学演劇科の客員教授を務めている。ワシントン大学以来、約十年振りの海外での指導だったが「生徒の進歩はめざましく、三ヶ月の稽古は、日本での二、三年に匹敵する集中力があった」と振り返っている（同）。昭和五十（一九七五）年には、「野村狂言団」として、アメリカ、カナダ、中南米を回った。この時は、千五郎（後の四世千作）ら茂山家も加わった。昭和五十六（一九八一）年には、カリフォルニア大学ロサンゼルス校（UCLA）で狂言を教えた。指導の他にシンポジウム、テレビ出演、ニューヨーク・ワシントンでの公演なども行っている。

崑劇との交流

万作が、外国の中でもアメリカと並んで思いを寄せるのは中国だ。

昭和五十七（一九八二）年には、中国演出公司の招聘で、念願だった中国公演が実現した。昭和三十一（一九五六）年、戦前から数えて三度目の来日だった京劇の名優・梅蘭芳一行と交流した時の感動が、中国公演の夢を抱かせたのだった。暮れに日本を立ち、正月は北京で迎えた。北京の首都劇場と上海の芸術劇場で合計四公演を行った。

演じる曲目の一つに「船渡聟《ふなわたしむこ》」を入れた。京劇よりも歴史が古く、中国を代表してユネスコの無形文化遺産にも登録されている崑劇（崑曲）の「秋江《しゅうこう》」に、「船渡聟」と同じように船の艪を漕ぐしぐさがあるからだった。「満席の観客席からは、狂言の内容を理解しようという真摯な空気が伝わってきた」と、この時の事を振り返っている（同）。

万作は、その他にも、毎年のように精力的に外国へ出て行く。その意欲は、年齢を重ねても衰えることは無い。中国での経験をもとに、平成十（一九九八）年十二月には、日中平和友好条約締結二十周年を記念して、崑劇の名女優・張継青と一緒に、崑劇の「秋江」を演じた。会場は千駄ヶ谷にある国立能楽堂だった。

「秋江」は、好きになった男の後を追って尼寺を抜け出し、舟に乗った若い尼と、酔っ払いの老船頭が艪を操りながら交わすコミカルなやり取りが見どころの名曲だ。万作が老船頭、張が尼を演じた。船頭が艪一つで舟を表し、漕ぐシーンがパントマイム的で、舟の揺れも二人の動きで表現する。それぞれ日本語と中国語のセリフだったが、共に伝統芸能とあって、リアリズムではなく様式がはっきりあるため、以心伝心でお互いの言葉もつかめたという。
「秋江」は、翌年の三月に、中国の南京大学でも上演された。

名伯楽

万作は平成六（一九九四）年、長男・武司の「萬斎襲名問題」が原因で、兄の万蔵（後の初世萬）と仲違いした。

万作は、野村万蔵家の次男。昔ながらの家長制度が残る狂言の世界では、たとえ家族であっても、次男以下は当主である長男の差配に従い行動しなくてはならない。会社に例えると、長男の血筋が途絶えるか廃業するかでもなければ、次男以下は生まれながらの役員であっても決して社長にはなれない。兄弟といえども、あくまで一門の一員でしかないのだ。役員として、社長の補佐役や相談役となることもあるが、普通は社員である他の一族や玄人弟子と同じように舞台をつとめるだけだ。

息子が複数生まれて、それがみな狂言の道に進むのであれば、一門の枠の中で社内ベンチャー的に独自公演を行うこともあるが、それも長男の了解を取らねばならない。玄人弟子についても、一人か二人いる場合はあるが、長男以外が大勢の弟子を抱えている例は無い。玄人弟子を抱えると、経済的な面倒も見なければならないからだ。

そんな中、万作は珍しく早くから自分の弟子を持っていた。一番弟子の石田幸雄は昭和二十四（一九四九）年生まれで、高校生の時に万作に弟子入りし、昭和五十一（一九七六）年に初舞台を踏んでいる。その後、深田博治、高野和憲、月崎晴夫、竹山悠樹、破石晋照《はせきくにあき》、岡聡史、中村修一、内藤連、飯田豪、石田淡朗が次々と弟子入りし、外孫の遼太や萬斎の長男・裕基も加わり、今では「万作の会」は、万作と萬斎以下、総勢十六人の大所帯となった。万作には、これらの弟子を食べさせて行くだけの経営的な才覚もあった。

特筆すべきなのは、その出自の多様性だ。深田、高野、内藤の三人は、国立能楽堂の養成事業である能楽（三役）研修生として講師だった万作に付き、修了後に正式に入門した。能の世界では、戦前から慢性的に三役（ワキ方・囃子方・狂言方）が不足している。シテ方は、謡・仕舞を素人に教えることで安定的な収入を得ることが出来たが、三役、特にワキや狂言を稽古する素人は少ないため、経済的にもたなかったからだ。前にも記した通り「人間国宝」だった万作の父、六世万蔵でさえ、舞台数が少ない時代は能面を打って生活の足しにしていた。

国立能楽堂での三役の養成事業は、開館翌年の昭和五十九(一九八四)年から始まった。講師は持ち回りで、万作は平成五(一九九三)年から主任講師として、萬斎・石田と共に第四期生を教えた。研修生は基礎研修三年、専門研修三年の通算六年を終えた後、技量が認められると、能楽協会への加入が認められ、晴れて舞台に立てる。

しかし、万作の弟子は、国立能楽堂の養成事業出身者だけに止まらない。石田に続き、月崎、岡、飯田が二十代半ばで直接万作の門を叩いた。竹山、中村は、子どもの時に入門し、子方をつとめ、そのまま続けている。弟子の中で、孫の遼太と裕基を除けば、玄人の血筋の「家の子」は、破石澄元の長男として生まれた晋照と石田幸雄の長男石田淡朗しかいない。

弟子が増えた事によって、演じたい曲を自由に出せるようになった。和泉流狂言にある二百五十曲余りの大半は二〜三人で行う曲だ。能に併せて出すのであれば、こういった曲を演じ続けるだけでも続くが、本格的な狂言だけの公演となるとそうは行かない。三曲中一曲は大勢出る、いわゆる「人数物」を出さないと形にならない。他の家から人を借りて出せない事もないが、自前の方が何かと融通が利くし、稽古をしやすい。狂言だけの公演を行うこともできる。その結果、能に依存する必要もなくなり、芸術的にも経済的にも自由になる。

中でも飛び抜けて多い人数が出演する「唐人相撲」は、狂言方にとって一門の隆盛を実感できる曲だ。全員が玄人でなくても構わないが、主な役はやはり玄人でなければ無理だ。「唐人相撲」を万作一門だけで初めて演じたのは、平成十三（二〇〇一）年十一月、万作の古希を記念して国立能楽堂で行った「万作を観る会」でのことだった。「万作の会」を作って丁度三十年が経っていた。

万作の弟子たちによって、萬斎の活動の幅も広がった。数が多くても「家の子」ばかりだと、狂言への拘《こだわ》りが強く、他ジャンル作品への出演に消極的だったり、不器用で適応できない場合もある。親戚同士だと色々と感情的に縺《もつ》れる事もある。その点、万作の弟子は、その活動に憧れ、尊敬して入門して来た者ばかりだから、黙って万作や萬斎の後を付いて来る。万作は次男という立場を逆手に取って、活動の幅を広げられる体制を作り上げた。

萬斎の活動を俯瞰してみると、様々な面で、父の残した轍を辿りながら、新たな轍を刻んでいる事が解る。

第七章　二つの壁

剛腕宗家

平成十三（二〇〇一）年末頃から、萬斎も属する和泉流の名前が一躍世間を賑わし、連日ワイドショーで取り上げられたことがある。いわゆる「和泉元彌騒動」だ。

能楽の世界では、シテ方、ワキ方、囃子方（楽器ごと）、狂言方ごとに二つから五つの流儀がある。血筋が途絶え、空白になる事も珍しくないが、原則的には、それぞれの流儀に家元がいる。普段は家元と呼んだりもするが、「宗家」というのが正式だ。騒動は、この宗家の座を巡るものだった。元彌の父は、十九世宗家の和泉元秀。騒動の火種は、この元秀が、宗家となった時にまで遡る。

明治維新以降、和泉流宗家の座は迷走を極めた。尾張藩のお抱え役者として名古屋に住んでいた十六世宗家山脇元清は、版籍奉還に伴い禄を失い、上京したが、これといった活動もしないまま、明治四十四（一九一一）年、六十一歳で亡くなる。その跡を継いだ次男の元照も、大正五（一九一六）年、二十八歳の若さで亡くなり、一時、和泉流宗家は途絶えてしまう。

昭和に入ると、いつまでも宗家不在なのはまずいと考えた名古屋在住の和泉流の重鎮・野村又三郎が、元照の妹であるゆきの夫・佐藤清次郎を擁立しようとする。しかし清次郎は、埼玉県の所沢で農業をしていた人物。四十歳を過ぎたその時まで、狂言など全くやった事がなかった。そのため、野村萬斎が異議を唱え、宗家問題は膠着状態を迎えていた。ところが、昭和十三（一九三八）年、萬斎が亡くなり、和泉流の長老は又三郎一人となった。清次郎は又三郎の後押しで山脇家に入り、昭和十五（一九四〇）年、元康と名を変え、十八世和泉流宗家となった。

元康は、萬斎の予想通り弟子に稽古が付けられなかった。そればかりか、すぐに宗家の権限を振りかざし始めた。自分を擁立してくれた野村又三郎らを、正当な理由なく破門し、流内を混乱に陥れる。挙句の果てには人妻と密通する事件を起こし、妻のゆきに家から追い出されてしまった。

ゆきは、能楽界において主導的な立場にあったシテ方宝生流の宗家・宝生重英と相談し、三宅藤九郎の長男で、当時六歳の保之を養子に迎えた。昭和十八（一九四三）年、保之は山脇保之として、十九世和泉流宗家となった。

これが、和泉流の中で、下剋上をもたらした。

保之は、本来は野村万蔵家の師匠筋の名跡ではあるが、実質的には分家である三宅藤九郎家の当主にしかなれないはずだった。ところが、宗家を継ぐことにより一気に、和泉流全体のトップに躍り出た。保之は、流儀の名前と宗家の名前は同じ方が通りが良いと、芸名を「和泉保之」とし、さらに昭和五十四（一九七九）年には、代々の宗家が「元」の一字を受け継いでいるとして、名も「和泉元秀」と改めた。

能楽界の実態に通じ、能楽研究で大きな業績を残した横道萬里雄と小林責は、能楽の流儀の「宗家」の権限として、次の様な事項を挙げている。

（1）演目に関する権利

①任意の演目を常備演目のリストに加え、または取り除く権利

②新作演目の試演・公演を許可したり、否認したり、またこれを常備演目のリストに加える権利

（2）広義の演出に関する権利
①能本の改訂権
②付ケ（楽譜・舞踊譜・演出簿の総称）の制定権と改訂権
③他の役籍の家元に対して、付ケの改訂を要請する権利
（3）上演活動に関する権利
①任意の演目の上演許可権と禁止権
②公演会の許可権と禁止権
③面・装束・舞台等の所持の禁止権
（4）人事に関する権利
①流派の能楽師（専門の奏演者）であることの認定権
②流派の能楽師に対する出演停止などの懲罰権
③流派の能楽師であることの否認（破門）権
④流派の能楽師の諸団体加入に際しての承認権
（5）免状に関する権利
①免状物演目の制定権と改訂権

②免状物演目に関する免状の発行権と免状料の収得権

(6) 付ケに関する権利

①付ケの秘匿権と公表権
②謡本その他の付ケの印刷発行の許可権
③付ケ発行の印税収得権
④流派の能楽師に対する一定の本の使用の強制権

(『日本古典芸能と現代 能・狂言』より)

この中で、能本となっているのが、狂言の場合は狂言台本になる。

小林は「狂言の場合は四派(大蔵流の山本派・茂山派、和泉流の名古屋派・三宅派)がそれぞれ長い歴史、和泉流でいえば流儀成立の事情にからむ歴史をもっている。ですから、家元が自分の属している派の芸に準じて改訂し統一しようとすれば、それは他派の伝統を破壊することであり、今日のデモクラティックな社会常識から考えて、とても許されることではありません。すると芸事の改訂や制定はできない」と指摘している(同)。

和泉流は、その成立過程からして、「名古屋派(山脇和泉家・野村又三郎家・狂言共同社)」

「三宅派（野村万蔵家・三宅藤九郎家）」という、歴史も異なる派の連合体だ。台本が別だから、同じ曲でも筋立てや曲名が違うことも多い。基本となる「構エ（姿勢）」や「型（演出）」にさえ違いがある。小林は、狂言の宗家の有り方はそうした流儀の調整役であり、調整力を発揮できる代表者である、とした。

しかし和泉元秀は、剛腕だった。出自は傍流とはいえ、子どもの頃から宗家として育てられた元秀は、狂言における「派」の存在など気にせず、当然の如く、その権限を振るった。昭和五十九（一九八四）年、元秀は「芸事と私生活上の不都合」を理由に、弟の三宅右近に対し謹慎を申し渡す。右近のどういう行動を指しているのか、具体的な内容は不明だ（「能楽タイムズ」昭和60年12月号）。謹慎中は舞台に立てないから、右近にとっては死活問題だった。

納得できない右近は、狂言協議会に問題の解決を訴えた。

狂言協議会は、能楽協会とは別に、狂言方内の問題を自分たちだけで話し合うための組織として、問題が起こる前年に結成された。和泉流と大蔵流を代表する長老である三宅藤九郎と茂山千作を代表として、幹事には宗家と各家、そして各地域の代表が名を連ねていた。

しかし、「協議会で取り上げるには馴染まない問題」とする元秀との間の溝は埋まらなかった。元秀は「狂言の伝統の厳正な保持」の為のやむを得ない措置だとした。

能楽協会と、シテ方の宗家を中心にワキ方・囃子方（笛・小鼓・大鼓・太鼓）・狂言方とすべての流儀の宗家が顔を揃える能楽宗家会は、流儀内の問題であると事態を静観していたが、やがて観世流宗家の観世元正が右近を伴って元秀の元を訪れ、詫びを入れたため、謹慎は解かれた。さすがの元秀も、実質的に能楽界を代表する立場にある観世流宗家自らが乗り出したため、一旦は矛を収めたのだ。

しかしこの問題はその後も尾を引いた。元秀は、能楽協会の会員になるために必要な宗家としての署名・捺印を、右近の弟子に対しては拒否したのだった。これでは右近の下で修業をしても、玄人としては認められない事になる。それ以降、元秀と右近の共演は無くなり、事実上、関係は断絶する。

元秀は一方で、一人息子の元彌には早くから英才教育を施した。四歳になると「靱猿」の猿で初舞台を踏ませ、九歳で「三番叟」、十六歳で「狂言師の卒業論文」と言われる「釣狐」を終えさせた。さらに二十歳の時には、大曲の「花子」まで演じさせた。何れも異例の速さだ。

元秀には、元彌の他に淳子と祥子という二人の娘もいて、子どもの頃から狂言の稽古を付けていた。狂言界では、女子でも子方として「靭猿」の猿などで舞台に立つ事はあるが、せいぜい小学生ぐらいまでで、女性が狂言方になる事はなかった。ところが元秀は、淳子にそのまま狂言方として修業させ、平成元（一九八九）年、二十歳になった時に「史上初の女性狂言師」として大々的に売り出した。

翌年、父の三宅藤九郎が亡くなると、今度は十七歳の祥子にその名を継がせた。「三宅藤九郎」は、野村万蔵家にとっては師匠筋で、和泉流の中でも「野村又三郎」と並ぶ大名跡。祥子の箔付けを狙ったのは明らかだ。「三宅藤九郎」の名跡は、元秀の弟の三宅右近が継ぐと思われていただけに、能楽界で大きな波紋を呼んだ。

元秀は、娘二人を能楽界では流儀の中で玄人と認められたことになる「職分」とし、能楽協会への入会も認めさせた。

一方で、元秀は、父の三宅藤九郎同様、狂言、そして自分を世の中に広く知ってもらうことに意欲的だった。昭和五十～六十年代に掛け、風邪薬のコンタックや日本信販のCMにも出演した。コンタックのCMでは、「髭櫓」を演じている途中、「くっさめ！」と狂言の型でクシャミをしてみせ、話題となった。

草創期からテレビに関わり、その世界を熟知し、伝統芸能にも関心があったマルチ文化人の永六輔は、元秀と対談した時、冒頭から「ぼくは、和泉さんがコマーシャルに出演なさった件に関して、たいへん複雑に感動したんです」(『対談集 狂言でござる』)と、元秀の出演を高く評価しながら、狂言の宗家がCMに出演することの功罪をどう考えていたのかを尋ねた。元秀は、このことに自分の中で整理が出来ていなかったようで、明確には答えられなかったものの、伝統芸能を知ってもらう糸口になるとは感じていた。一方で、地方公演において舞台に登場しただけで拍手が来ることがあることなどを挙げ、狂言師としてではなくCMタレントとしての知名度の高まりへの戸惑いを語っている。

能・狂言の広がりの無さには危機感を持っていて、永が「狂言のコマーシャル、能楽堂のコマーシャル、これがぼくは下手すぎると思うんです」と水を向けると、「興行性が弱い、そういうものを持ってません。そういうシステムを持ってません。それと、一般にアピールするスター性というものが稀薄なんです」とも応じた(同)。

反発を呼びながらも実力もあって、その剛腕を止められる者がいなかった元秀だったが、平成七(一九九五)年六月二十二日、東急文化村のシアターコクーンで、長男の元彌が演じる狂言「𢚧𢚧《ぼうふり》」に、地謡として出ている最中に倒れ、三十日に五十七歳で急逝してしまう。狂言方としてはまさにこれから芸が円熟するであろうという年齢での、早過ぎた死であった。異例の早さで、元彌に次々と大曲を演じさせたのは、まるで、このことを予見していたかのようでもあった。

宗家継承騒動

父が危篤となった時、元彌は流内の重鎮にも根回しせず、二十七日から三日間にわたり、別の名称で予定していた銀座能楽堂での公演を、急遽宗家披露公演に変え、突如として「和泉流二十世宗家」を名乗った。世に言う「和泉流宗家継承騒動」の始まりだった。

通常であれば、まず重鎮の内諾を得るなど流内をまとめなければならない。その上で、「能楽宗家会」に同意書を提出し、承認を得て晴れて宗家として認知されることになる。元彌はその段取りを無視して、一方的に宗家を名乗った。この時、まだ二十一歳。宗家と名乗ったところで、実質的には修業中の身と言って良いだろう。流内の重鎮に後見役を依頼し、稽古を付けてもらっても不思議は無い。

元秀の死後、和泉流では、問題が生じた場合は合議で物事を決める事にしようと「和泉流職分会（代表幹事・井上祐一）」が結成されていた。この職分会が、宗家継承に断固として反対した。元彌一家と、それを除く和泉流職分との全面対決の様相を呈した。

元秀のような力があれば別だが、力関係によっては、宗家も弟子たちの意向を無視できなくなる。この点では、和泉流には前例があった。

明治三十九（一九〇六）年、当時の宗家・和泉元清は、許しも得ず大曲の「金岡」を勝手に演じた事を理由に、流儀の重鎮である高島彌五郎を破門した。破門されると舞台に出ることができないから死活問題となることは明治時代でも同じである。これに反発した彌五郎は、「泉が割れた」ということで、他の弟子たちと「白水会」を結成し、対決姿勢に出る。ほとんどの弟子が「白水会」に加わり、宗家は孤立。能楽界の大勢も「白水会」の主張に理解を示したため、宗家も折れ、彌五郎の破門を撤回した。

元彌はその前例に学ばず、力関係を無視して、さらに強引な行動に出た。元秀の死後間もなく、密かに「和泉流二十世宗家和泉元彌」の商標登録を申請したのだ（平成十年六月には正式に登録された）。「和泉流職分会」がこの事を知ったのは、平成十三（二〇〇一）年の末の事。能楽界は蜂の巣を突いたような騒ぎになり、テレビのワイドショーの格好のネタとなった。

和泉流内では孤立したままの元彌だったが、平成十（一九九八）年には万作と同じ「ゴールドブレンドの男」としてネスカフェのCMに登場。平成十三（二〇〇一）年には、NHK大河ドラマの「北条時宗」に主役として出演していた。その前年の大晦日には「紅白歌合戦」で白組の司会も務めている。この頃が元彌にとっては、現在に至るまでの絶頂期と言える。

元彌側が話し合いにも応じなかったため、平成十四（二〇〇二）年三月、「和泉流職分会」は、能楽協会に対し「狂言の伝統と秩序を乱している」として元彌の除名申請を提出した。能楽協会の当時の定款に基づくもので、十二条では「会員としての義務に違反したとき」「この法人の名誉を傷つけ、またはこの法人の目的に反する行為のあったとき」などに該当した場合は、総会の議決を経て、理事長が除名することができるとし、さらに十三条では「前条のほか、会員としての体面を汚損し、又は能楽界の伝統秩序を乱す行為があるとの申出を会員5名以上から受けた場合には、理事会がその内容を調査審議して、総会の議決を経て、理事長がこれを除名又は退会させることができる」と定められている。

野村萬の長男で「和泉流職分会」の幹事だった野村万之丞は、争点を三つ挙げている。

一つ目は、元彌の個人的資質。公演への遅刻や、土壇場でのキャンセルが目立つなどのトラブルが頻発している上、和泉流宗家であることを誇示し、相対的に能楽協会を軽視していること。

二つ目は、宗家継承の手続き。先に挙げたように、宗家を継承する手順を踏まず、一方的に名乗ったことだ。

三つ目が商標登録。能楽界では劣勢と見た元彌が「和泉流二十世宗家和泉元彌」を商標登録したことについて万之丞は「伝統的に継承された名前を商標登録などすべきじゃないし、商標登録した者勝ちになれば、それはもはや伝統芸能の世界ではなくなり、なんでもありの世界になってしまう」としている（『いい加減よい加減』野村万之丞、アクセス・パブリッシング）。

能楽協会は、十月に臨時総会を開催し、圧倒的多数で元彌を退会処分とすることを決定した。

退会となっても、法的に制約を受けるわけではないから「能楽師」「狂言方」「狂言師」を自称することは可能だ。しかし能楽界では、玄人として扱われなくなる。一門だけで狂言会を行うことは可能だが、囃子方は出演に二の足を踏まざるをえないし、シテ方を通じた出演の依頼は来なくなる。村八分にあったようなもので、活動には大打撃だ。

元彌側は、処分は不当であると同時に、その過程で「和泉流二十世宗家では無い」という趣旨の発言などにより名誉を傷つけられたとして、能楽協会を相手取り、東京地方裁判所に処分の取り消し並びに謝罪広告の掲載・損害賠償の訴訟を起こした。

これに対し平成十七（二〇〇五）年三月、一審の東京地裁は、「宗家継承については従来より流儀内の総意が原則」として、元彌が宗家であるという事は不確定と判断し、退会処分についても手続きに瑕疵は無いとした。元彌側の訴えは全面的に退けられた格好だった。これは、二審の東京高等裁判所でも維持され、平成十八（二〇〇六）年六月には最高裁判所で元彌側の訴えが退けられて判決は確定した（「毎日新聞」平成18年6月10日付朝刊）。

それでも法的には、元彌が「宗家」を名乗ることに問題はない。しかし能楽界においては認められていないから、事実上、和泉流は宗家不在の状態が続いている。

しかし、判決が確定した後も、元彌は「和泉流二十世宗家」を名乗り、長姉の和泉淳子、次姉の十世三宅藤九郎らと共に独自の活動をしている。能楽協会から「退会処分」になったのは元彌だけで、淳子と十世三宅藤九郎は会員として踏み止まっているが、他の能楽師との仕事上の交流はほとんどない。

「宗家」という存在は、明文化された権限以上に、その存在自体に重みがある。それだけに流内の人間は何かとその顔色を窺う。どのような宗家であっても、その存在をまったく無視して活動することは難しい。

もし元秀がもっと長生きしていたら、あるいは元彌が上手く立ち回っていたら、どうなっていただろうか。

手強い従兄

萬斎には、七つ歳の離れた従兄がいた。

本名を野村耕介という。父の万作の兄である野村萬の長男だ。

個人事務所の名前にもなっている「コースケ」の方が似つかわしい、軽快な人柄だった。コースケは、昭和三十四(一九五九)年生まれ。野村万蔵家の跡取りとして、祖父の六世万蔵や父から稽古を付けられた。

昭和三十八(一九六三)年、「靱猿」で初舞台を踏む。稽古は、「家の子」とはいっても、まだ子どもだから飴と鞭でいえば飴の方が多い。舞台から下りれば、玩具やお菓子が待っていたという。それが年齢を重ねるに従って、鞭に代わって行く。狂言に限らず、日本の伝統的な教え方は「見て覚えろ！」式で、説明してくれないどころか、質問も許されない。その稽古の有り方に、多弁で好奇心旺盛なコースケは、成長するに従い反発を覚えるようになった。

コースケは、初等科から学習院に通った。初等科から高等科まで、今上天皇の御学友で、シテ方の観世流宗家・観世清和とも同級生だ。この学年の学習院には能楽師が多く、観世流の関根祥人《よしと》や宝生流の金井雄資《ゆうすけ》もいた。

「家の子」として生まれ、自由に職業を選ぶことができない宿命にコースケはもがき苦しんだ。自著で「呪縛にも似た縛りが、小さい頃から僕をがんじがらめにしてきた」とその苦しみを吐露している（『いい加減よい加減』）。

中等科の二年生になった頃からコースケの生活は乱れ始めた。子方は終わったが、大人として舞台に立つには、まだ間がある。「家の子」なら誰しもが経験する、宙ぶらりんな状態が続く悩む時期。名子方と言われても、この時期に能楽界の外に限りなく広い世界があることを知り、役者になるのを辞めてしまう人間も珍しくない。

コースケは、髪の毛を短くクルクルに巻いたパンチパーマに、ボンタンと言われるダボダボのズボン、教科書もろくに入らないようなペッタンコにした学生カバンという、当時の典型的な不良ファッションで、下北沢の暴走族のチームに入り、五〇ccのバイクを乗り回していた。「中学三年生の頃が、僕のワルガキぶりのピークだったかもしれない。酒、タバコ、女に、暴走族、おまけにシンナーまで吸っていた」と本人は回想している(同)。

しかしこの時期、コースケは狂言方にとっては大人への通過点となる節目の役、「翁」の「三番叟」を初めて演じてもいる。

中学では停学にはなったものの、何とか高等科に進むことが出来た。成績は下から二、三番。進学の条件として、「英語の教科書を全部写すこと」を課せられたが、これも知り合いの女の子にやらせて自分は遊んでいたという。だが、暴走族を続けながらも、彼らとは住む世界が違うことを感じ続けていた。「それを感づかれないように一生懸命合わせていた」とも言う(同)。

高等科では、出来たばかりのホッケー部に入った。ホッケーに夢中になり、一年生から二年生になる頃には、次第に暴走族から足が遠のいて行った。二年の時、「付き合いが悪くなった」と暴走族仲間から呼び出され、喧嘩で血だらけになり、これを機に彼らと手を切った。喧嘩は足抜けの儀式のようなものだった。後に本人は、この頃の自分を次のように振り返っている。

「呪縛から逃げたい一心で、一時は暴走族でその呪縛を払拭してみる。それもダメで今度はスポーツに専念すると、また違った意味で逃れることができないと悟るわけ。そうこうしていると結局、双六ではないけれど最初の振り出しに戻ってしまって、三年生の中頃になって演劇に興味を持ちだした時点では、諦めにも似た『あ〜、狂言をやらなければいけないんだなぁ』という決心みたいなものがついた」(同)

演劇に興味を持ったコースケは仲間を集め、サミュエル・ベケットの不条理劇などを勉強し、実際に学校の講堂で上演した。

高等科を終えた後は大学には進まず、修業の道を選ぶ。どうせ辛い修業をしなければならないなら、早く始めて早く終わらせたかったから、大学にいく余裕はなかった。高校を卒業する三か月ほど前から学校にも行かず、装束が入った唐草模様の風呂敷を背負い、祖父・万蔵の後を付いて能楽堂へ通い始めた。

二十歳を過ぎた頃、コースケは、イタリアへの旅に出た。イタリア中部の小さな町・ヴォルテッラにあるＩＳＴＡ（インターナショナル・スクール・オブ・シアター・アンソロポロジー）という、演劇と人間学の学校に入学した。この学校は世界中からプロ・アマを問わず俳優や研究者が集まり、三か月にわたって合宿形式で講義が行われる。ここで、コースケは、世界のいたるところに仮面と仮面劇があることを知り、「仮面にこだわって生きてみよう」と決意する。

日本に戻ったコースケは、ISTAで学んだことを生かした芸術作品を作ろうと意欲に燃えていた。まず始めたのは、鎌倉時代から室町時代にかけて幅広く人気があったものの、やがて衰退し、今では断片が民俗芸能として地方に残っているに過ぎない芸能「田楽」を基として、新たな作品を作ることだった。

田楽は田植えの時に、豊作を祈って田の周囲で太鼓や「ささら」といった楽器を打ち鳴らしながら賑やかに踊る芸能として始まった。コースケが田楽に着目したのは、上野にある東京国立博物館で、平安時代の宮中行事や民間の風俗を描いた「年中行事絵巻」を見たのがきっかけだった。その中に描かれた田楽の様子を見て、想像が膨らむと同時に疑問が次々と湧いて、その問いを解き明かしながら、絵巻物の田楽を実際に動かしてみたいと思ったという。

田楽に触発されてコースケが生み出した「大田楽」は、平成二（一九九〇）年、赤坂の日枝神社境内で初演された。狂言師・ダンサー・俳優など様々な人々が入り乱れて、爆発するように踊り狂った。その後、各地に「わざおぎ」というグループが結成され、「大田楽」は、市民参加型の町おこしの格好の催しとして、全国に広がって行った。コースケは、「大田楽」の構成・演出で、平成五（一九九三）年度の文化庁芸術祭賞を受賞した。

平成七（一九九五）年、コースケは父から家督を譲られ、五世野村万之丞を襲名。次の作品「平和楽」に取り掛かっていた。万之丞はＩＳＴＡでの経験で、言語ほどあてにならないコミュニケーション・ツールはないと実感し、何かを伝達するということは、エネルギーを伝えることに他ならないと喝破していた。そこで言語に頼らない、新たなコミュニケーションの手段を見出そうと試みたのが「平和楽」だった。「平和楽」は、日中国交正常化二十五周年を記念して、平成九（一九九七）年に歌舞伎座で初演された。狂言師と京劇の役者や音楽家五十人余りが出演。中国の音楽家が二胡・琵琶・笙などの伝統楽器を演奏したのに加え、ふだんは演奏しない狂言師もラッパを吹き、太鼓を打ち鳴らすという華やかな舞台だった。

万之丞にとって最大の目標は、飛鳥時代に中国から入って来て隆盛を極めたものの、衰退してしまった「伎楽」を基にした新たな作品だ。「伎楽」は東大寺大仏開眼供養会でも演じられたが、正倉院などに面だけが残っていて、どのような芸能だったか皆目解っていない。そのため、「幻の芸能」とも呼ばれている。作品作りを始める前に、万之丞は手掛かりを求め、中国、ブータン、インド、韓国とアジア各地の仮面劇を調査して歩いた。この調査結果を参考に、作品作りへのプロジェクトが動き出した。万之丞は新たな伎楽を「真伎楽」と名付けた。残された伎楽面をもとに、十四種二十三面を新たに作らせた。日本に加え、中国・韓国・インド・インドネシア・ギニア・セネガルからも役者や音楽家が集まり、国際性豊かで大掛かりな作品だった。

万之丞は「大田楽」を生み出した頃から「総合芸術家」を自称し、芸能を活用した巨大イベントのプロデューサー・演出家としての活動にも力を入れ出した。

平成十（一九九八）年の長野冬季パラリンピックでは、閉会式の演出を任された。前年末の記者会見では、ブータンの民族衣装を身にまとい、大きな仮面を付けて現れ「長野パラリンピックの閉会式は打ち上げだ。儀式ばったことはしない」「スポーツも芸能も見るものではなく参加するもの」と述べている。

閉会式は三月十四日、「Hope and Legacy」（希望と遺産）をテーマに、長野市のエムウエーブで行われた。選手、役員、また面や衣装を着けたアトラクション出演者ら総勢二千人が一斉に入場。国際パラリンピック委員会（ＩＰＣ）のロバート・ステッドワード会長や長野県の吉村午良知事も衣装を身に付けて参加した。式は「大田楽」を核に、地元である御代田町の龍神の舞や中国の獅子舞などが絡み合い進行した。曲芸・ジャズ演奏・市民の踊り・コーラス・マーチングバンドも参加して賑やかな構成だった。

平成十一（一九九九）年、岐阜県で開催された「国民文化祭」では、開会式やオープニングフェスティバルなどを統括する総合プロデュースを務めた。全体を「道楽隊《みちがく》」という楽隊で繋ぎ、県民による民俗芸能、モダンダンス、合唱から韓国のサムルノリ、アメリカのマーチングバンドまで、様々な芸能をちりばめた。世界へ目を向け続けた万之丞らしいダイナミック、かつ全国各地で市民参加型のイベントを起こして歩いた彼らしい演出だった。

平成十三（二〇〇一）年十月、「真伎楽」は、アジア各都市の代表が集まり、東京で開催された「アジア大都市ネットワーク」本会議に合わせて行われた「アジアの夢と躍動展」のメーンイベントとして初演された。同じ月、奈良県明日香村にある、蘇我馬子の墳墓とされる、石室だけが剝き出しになった「石舞台古墳」の前に設けられた特設舞台でも再演された。

この年、万之丞は「マスクロードプロジェクト」を立ち上げる。シルクロードを遡り、伎楽ゆかりの国々で「真伎楽」を上演して歩くという壮大なプロジェクトだった。平成十四（二〇〇二）年の韓国に始まり、翌々年四月には北朝鮮での公演を実現した。しかし帰国直後、病に倒れ、六月に急逝した。四十四歳の若さだった。


万之丞は、野村万蔵家の総領息子という意識が強く、若い頃から一族の動きに目を凝らしていた。昭和五十〜六十年代、万作や和泉元秀がテレビCMに出始めた時は、「一握りの役者が仮面を取って顔で売り出して有名になりはじめ、蟻の一穴のように次第に後を追う者たちが増えていった。それが私の十代から二十代にかけて起こった能狂言界の潮流だった」と批判的に見ていて「人間の中に内在されている目立とう精神や、ミーハーな傾向が強く出てしまっているように見えた。その結果、狂言の演技形態まで、現代のテレビや新劇と同じようなレベルになってしまったのである」としている（『マスクロード 幻の伎楽再現の旅』野村万之丞、日本放送出版協会）。

しかし、批判したにもかかわらず、亡くなる二年前には、テレビ局からの誘いに乗って、お笑い芸人の南原清隆に狂言を教えたのをきっかけに、「現代狂言」と銘打って、彼らとの公演を計画したりもしている。

　また、萬斎（武司）が自分たちに無断で「萬斎」を襲名したことにも、次のように批判している。

「『萬斎』という名前は代々の名前ではなくて、五世万蔵《ママ》という僕の曾祖父の隠居名であり、戒名なのだ。戒名を使うということは、通常は考えにくいが、この斎というのは斎場の斎、つまり現世を終えて、余暇を楽しみながらあの世に行く人の意をあらわすことである。それを二十代の若者が芸名に付けることは古典の習慣ではなかなか考えにくい」（『いい加減よい加減』）

　知的で隙の無い切れ者の萬斎とは対照的に、万之丞は破天荒な坊っちゃん育ちの反逆児だった。しかし、二人は、伝統芸能を背景として巨大プロジェクトを組み立てる能力を有していたという点では、どちらも傑出していた。もし、今に至るまで万之丞が生きていたなら、オリンピックなど、国家的な巨大イベントのプロデューサー・演出家を務めることに強い意欲を示した事は間違いない。萬斎にとって手強い相手になっていた事だろう。

終わりに――萬斎がいなかった「東京２０２０」

この本を書いていたのは、新型コロナウイルスのパンデミックのため、一年延期された「東京２０２０」と言われるオリンピック・パラリンピックのまっ最中だった。

萬斎が、開・閉会式の演出を「総合統括」（当初は「チーフ・エグゼクティブ・クリエーティブ・ディレクター」）する予定だったが、令和二（二〇二〇）年十二月、腑に落ちない形で退任した。

オリンピックの開会式は、近年、その国の「国家ブランド」を世界へ向けて発信する場になっている。二〇〇八年の北京、二〇一二年のロンドンオリンピックでは、いずれも、その国を代表する映画監督が演出し、国の歴史を踏まえ、壮大な叙事詩を描き出した。特に、ロンドンオリンピックは、押しつけがましい「お国自慢」に終わらせず、洗練されたエンターテイメントに仕立て上げていた。

演出の成否は、過去から現代、そして未来へと繋がる一本のイメージを構築できるかどうかに掛かっている。そこで重要なのは、演出家が、その国の歴史や伝統の本質を理解し、それを基礎とした大きな思想や哲学を持っているかだ。過去を知らずして、現在は語れず、未来も描けない。

しかし、残念ながら「東京2020」の開・閉会式には、それが感じられなかった。伝統文化についても、感性に合った一部だけを都合よく「つまみ食い」しているようにしか見えなかった。

結果、「国家的行事」とは思えないほどちんまりとしたものになった。ある意味、縮み行く日本を見事に象徴していたのかもしれない。

閉会式の最後に出た、軽快で、明るい未来を感じさせてくれる二〇二四年のオリンピック開催都市・パリのお洒落なプレゼンテーション映像を見た時、その出来栄えに驚き、東京と引き比べ暗澹たる気持ちになった。

これは、演出家個人というよりも、その選定に関わった人間・組織に問題があるのだろう。一九六四年の東京オリンピックの時に比べ、同じような立場・地位にいる人間の日本文化に対する理解度が大幅に低下していることを日々実感しているからだ。

これは、半世紀余りの間に、時間を掛けて伝統文化を理解するよりも、素早く流行を捉まえる方が良いという風潮が蔓延してしまった日本社会の反映だ。

最近は、日本人が国への自信を失ったせいなのか、テレビの「日本礼賛番組」に象徴されるような歪な日本文化再発見・再評価の波が押し寄せている。「気軽に」「馴染み易い」「解り易い」といった言葉を免罪符に、日本の歴史や伝統文化に対する正しい理解もないままに、「日本文化もどき」が幅を利かせ、国もそれを後押ししているかのように見える。

その行き着いたところが、萬斎のいない「東京２０２０」なのだ。

この本を通じ書き続けた「伝統と創造」「過去と現在」「東洋と西洋」を自在に行き来しながら活躍する萬斎の能力と才能は、「東京２０２０」のような「国家行事」には、やはり余人をもって代えがたかった。今更ながらに思う。

阪本家家系図

※ 文中に登場する人物のみ掲載
（　）内は別名、筆名、芸名

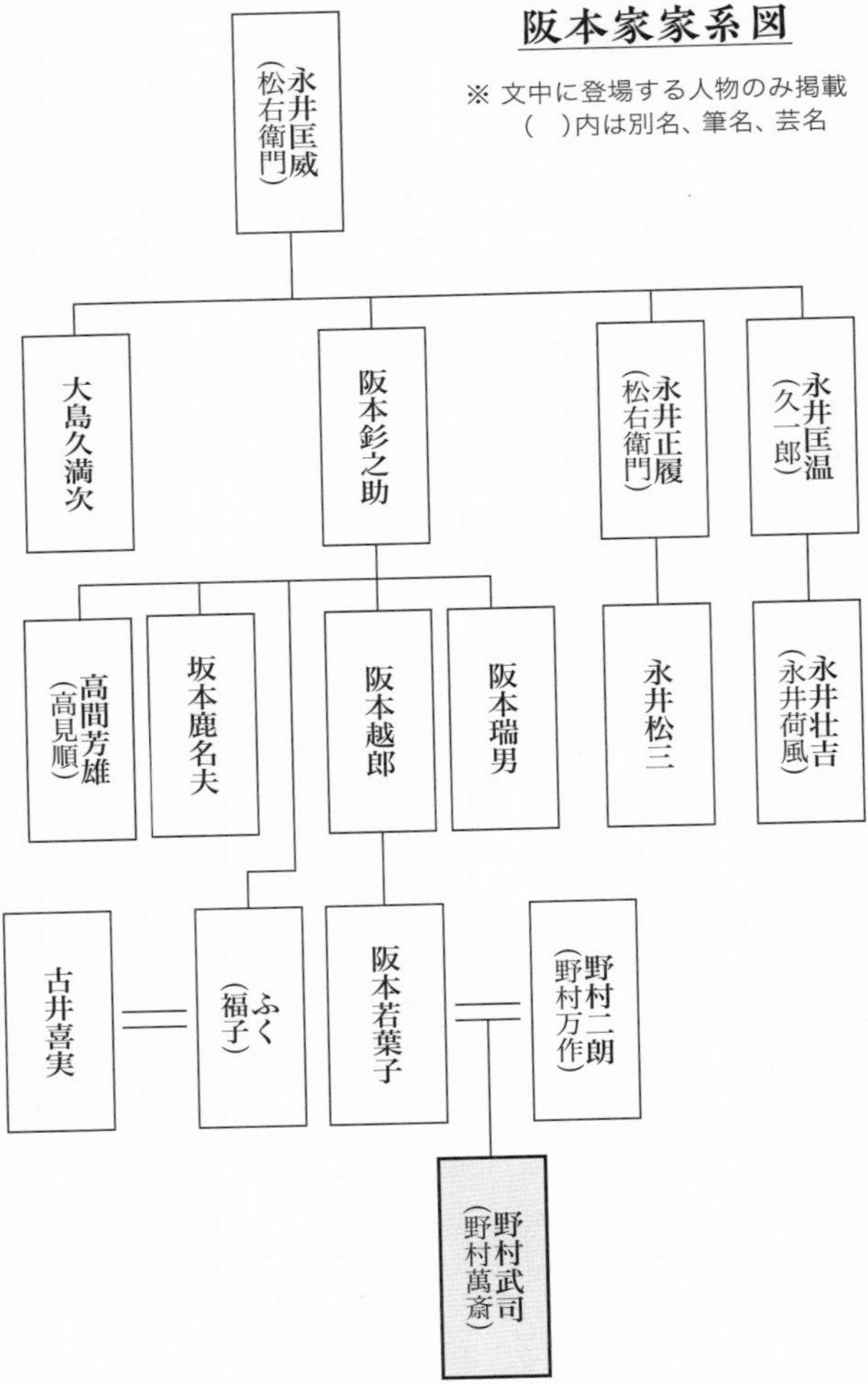

野村家家系図

※ 文中に登場する人物のみ掲載
（　）内は前名、隠居名

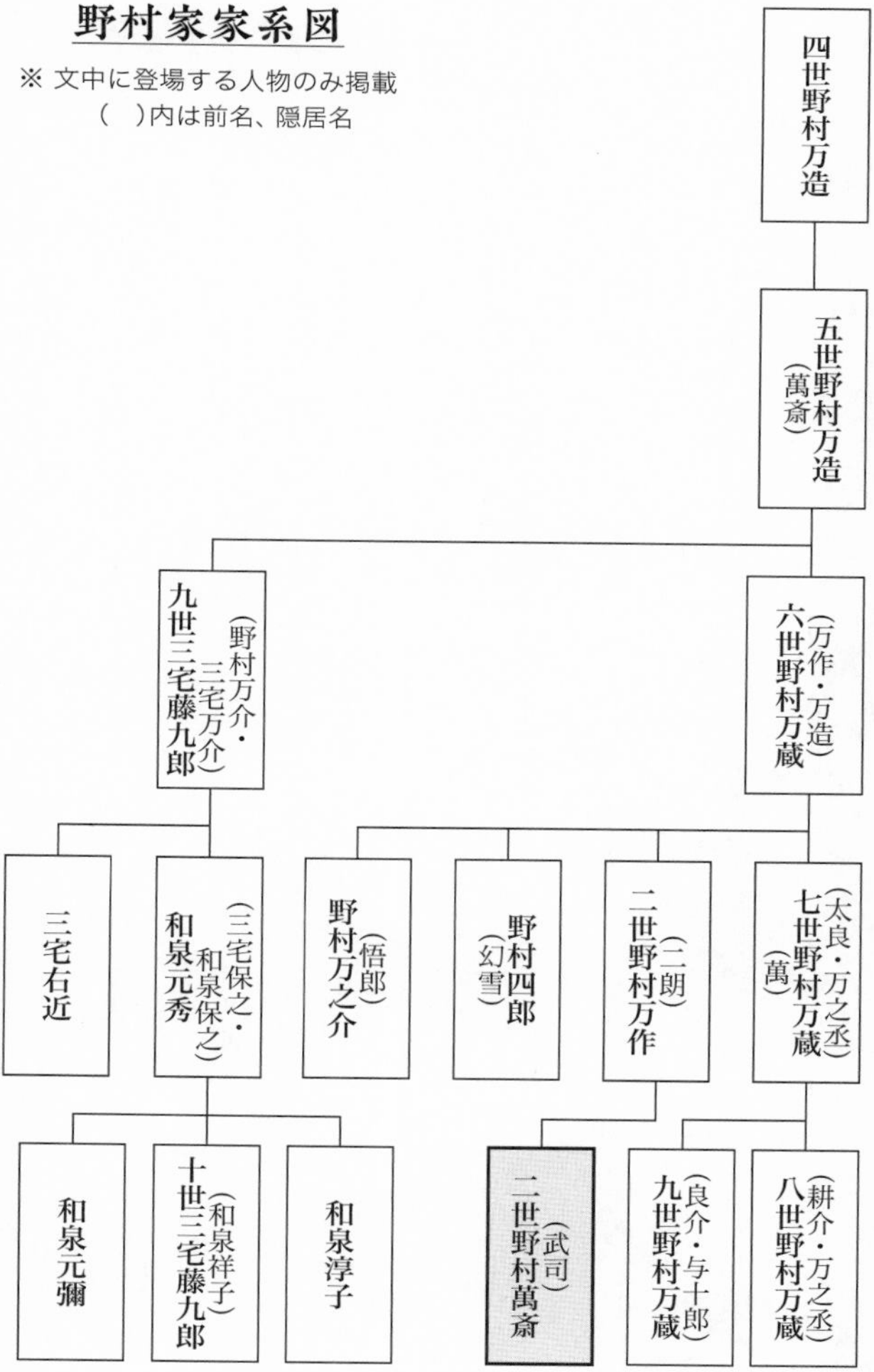

【野村萬斎略年譜】

昭和四十一（一九六六）年	四月五日、野村万作・若葉子の長男として誕生。
昭和四十五（一九七〇）年	狂言「靱猿」で初舞台。
昭和五十九（一九八四）年	「翁」の「三番叟」を初演。
昭和六十（一九八五）年	黒澤明監督の映画「乱」で、初めての映画出演。
昭和六十二（一九八七）年	「パルコ［能］ジャンクション 葵上」（パルコ劇場）で、初めて演劇作品に出演。「狂言ござる乃座」発足。
昭和六十三（一九八八）年	狂言「釣狐」を初演。
平成二（一九九〇）年	「ハムレット」（パナソニック・グローブ座）で主演。初めてシェイクスピア作品に出演。
平成六（一九九四）年	「二世野村萬斎」を襲名。 テレビドラマ初出演のNHK大河ドラマ「花の乱」放送。 アヴィニョン演劇祭で上演された「スサノオ」に主演。 文化庁の「芸術家在外研修員」として、一年間イギリス留学。
平成七（一九九五）年	イギリスから帰国後、襲名披露公演。
平成八（一九九六）年	新作狂言「こぶとり」を演出。初めて新作狂言を演出。
平成九（一九九七）年	NHK連続テレビ小説「あぐり」に出演。この演技で、「橋田賞新人賞」「エランドール賞特別賞」を受賞。 新作狂言「藪の中」を演出。

平成十一（一九九九）年	「電光掲示狂言の会」を企画し、全国を回り始める。 「子午線の祀り」（新国立劇場）に初出演。この演技で、「読売演劇大賞優秀男優賞」を受賞。
平成十三（二〇〇一）年	新作狂言「藪の中」劇場版（シアターコクーン）を演出。この演出で、文化庁芸術祭演劇部門新人賞を受賞。 映画「陰陽師」で主演。この演技で「ブルーリボン賞主演男優賞」「日本アカデミー賞新人俳優賞・優秀主演男優賞」を受賞。 「まちがいの狂言」（世田谷パブリックシアター）の初演で、演出と主演（ロンドン・グローブ座で「グローバルバージョン」も上演）。
平成十四（二〇〇二）年	世田谷パブリックシアター芸術監督に就任。 蜷川幸雄演出のギリシャ悲劇「オイディプス王」（シアターコクーン）で主演。「まちがいの狂言グローバルバージョン」（世田谷パブリックシアター）の再演で、演出と主演。この二つの演技で、「読売演劇大賞優秀男優賞」を受賞。
平成十五（二〇〇三）年	NHK教育テレビ「にほんごであそぼ」に出演を始める。 映画「陰陽師Ⅱ」で主演。
平成十六（二〇〇四）年	アテネの屋外円形劇場で上演された「オイディプス王」に主演。
平成十七（二〇〇五）年	「敦—山月記・名人伝—」で、構成・演出・出演。この構成・演出で、「紀伊國屋演劇賞」、構成・演出・出演で「朝日舞台芸術賞」を受賞。

平成十九（二〇〇七）年	「リチャード三世」を翻案した「国盗人」（世田谷パブリックシアター）で演出・主演。
平成二十三（二〇一一）年	三谷幸喜作・演出「ベッジ・パードン」（世田谷パブリックシアター）で、初めて新作現代劇に主演。
平成二十四（二〇一二）年	映画「のぼうの城」で主演。この演技で「日本アカデミー賞優秀主演男優賞」を受賞。
平成二十五（二〇一三）年	宮崎駿監督のアニメーション映画「風立ちぬ」に、「カプローニ伯爵」役で声の出演。
平成二十八（二〇一六）年	映画「スキャナー 記憶のカケラをよむ男」で主演。 映画「シン・ゴジラ」で、モーションキャプチャーアクターを務める。
平成二十九（二〇一七）年	映画「花戦さ」で主演。
平成三十（二〇一八）年	「東京2020オリンピック・パラリンピック」開・閉会式の「チーフ・エグゼクティブ・クリエーティブ・ディレクター」に就任。
平成三十一（二〇一九）年	映画「七つの会議」で主演。
令和二（二〇二〇）年	新型コロナウイルスの影響で一年延期された「東京2020オリンピック・パラリンピック」の「総合統括」を十二月末に退任。
令和三（二〇二一）年	石川県立音楽堂の邦楽監督に就任。 テレビ朝日系「ドクターX～外科医・大門未知子」第七シリーズに出演。 世田谷パブリックシアター芸術監督を翌年三月に退任すると発表。

主要参考資料

書籍

『いい加減よい加減』野村万之丞、アクセス・パブリッシング
『一政治家の人生——山陰生れ 私の履歴書』古井喜実、牧野出版
『岩波講座 能・狂言 I 能楽の歴史』表章・天野文雄、岩波書店
『岩波講座 能・狂言 V 狂言の世界』小山弘志、田口和夫、橋本朝生、岩波書店
『外務省職員録』昭和十五年版・昭和十八年版、外務大臣官房人事課
『鹿児島県史 別巻』鹿児島県
『加藤周一著作集 第11巻 藝術の精神史的考察1』加藤周一、平凡社
『神奈川県史』神奈川県
『神奈川県史概説 下巻』石野瑛、歴史図書社
『金沢の能楽』梶井幸代・密田良二、北国出版社
『荷風全集 第二十七巻』永井荷風、岩波書店
『観世寿夫著作集』三、四、観世寿夫、平凡社
『議会制度百年史 衆議院議員名鑑』衆議院・参議院

『議会制度百年史 貴族院・参議院議員名鑑』衆議院・参議院
『狂言共同社の百年 上巻』井上松次郎編、名古屋狂言共同社
『狂言芸話』野村万蔵、わんや書店
『狂言サイボーグ』野村萬斎、日本経済新聞社
『狂言三人三様 野村萬斎の巻』野村萬斎・土屋恵一郎編、岩波書店
『狂言三人三様 野村万作の巻』野村萬斎・土屋恵一郎編、岩波書店
『狂言師がそんなに偉いのか』和泉元彌＋西本公広、メディアファクトリー
『狂言じゃ、狂言じゃ！』茂山千之丞、晶文社
『狂言のことだま』山本東次郎、玉川大学出版部
『狂言のすすめ』山本東次郎、玉川大学出版部
『狂言の道』野村万蔵、わんや書店
『狂言85年 茂山千作』茂山千作、淡交社
『狂言役者——ひねくれ半代記』茂山千之丞、岩波書店
『狂言を生きる』野村万作、朝日出版社
『慶應義塾出身名流列伝』三田商業研究会編、実業之世界社
『芸の心 能狂言終わりなき道』野村四郎・山本東次郎、藤原書店

主要参考資料

『考証 永井荷風』秋庭太郎、岩波書店
『後藤新平論』菜花野人、統一社
『下谷叢話』永井荷風、岩波書店
『衆議院議員候補者評伝』鈴木金太、山田丹心館
『職員録』大正十二年版、印刷局編、印刷局
『職員録』昭和四年版・昭和六年版・昭和九年版、内閣印刷局編、内閣印刷局
『人事興信録』第三版・第十二版、内尾直二編、人事興信所
『新版 能・狂言事典』西野春雄・羽田昶編、平凡社
『枢密院の研究』由井正臣編、吉川弘文館
『千五郎狂言咄』茂山千五郎、講談社
『第一回狂言の会報告書』第一回『狂言の会』準備委員会編、四大学狂言研究会連絡協議会
『第十二回オリンピック東京大会組織委員会報告書』第十二回オリンピック東京大会組織委員会
『第14回国民文化祭・ぎふ99公式記録』文化庁・岐阜県・第14回国民文化祭岐阜県実行委員会
『対談集 狂言でござる』和泉元秀、講談社
『高見順全集 第八巻』高見順、勁草書房
『高見順全集 別巻』「高見順全集」編纂委員会編、勁草書房

『だから演劇は面白い！』北村明子、小学館
『太郎冠者を生きる』野村万作、白水社
『勅奏任官履歴原書・上巻——転免病死ノ部』我部政男・広瀬順晧編、柏書房
『定本 阪本越郎全詩集』阪本越郎、彌生書房
『伝統と現代 3 能と狂言』伝統芸術の会編、學藝書林
『東京名古屋現代人物誌』長江銈太郎、柳城書院
『名古屋市史 第六巻』名古屋市
『名古屋百人物評論』手島益雄、日本電報通信社名古屋支局
『日本芸能史7』藝能史研究会編、法政大学出版局
『日本古典芸能と現代 能・狂言』横道萬里雄・小林責、岩波書店
『日本体育協会・日本オリンピック委員会100年史』日本体育協会・日本オリンピック委員会
『人間国宝 野村万作の世界』林和利、明治書院
『能楽盛衰記 下』池内信嘉、東京創元社
『能と狂言の世界』横道万里雄編、平凡社
『華より幽へ 観世榮夫自伝』観世榮夫、白水社
『風樹の年輪』巻一・二、永井威三郎、俳句研究社

『福井県史 年表』福井県
『平成25年度日本大学理工学部学術講演会論文集』川﨑圭祐・大川三雄、日本大学理工学部編、日本大学理工学部
『宝生九郎伝』柳澤英樹、わんや書店
『マスクロード 幻の伎楽再現の旅』野村万之丞、日本放送出版協会
『まちがいの狂言』高橋康也、白水社
『MANSAI 解体新書』野村萬斎、朝日新聞出版
『萬斎でござる』野村萬斎、朝日新聞社
『明治大正 文学美術人名辞書』松本龍之助、立川文明堂
『明治天皇紀』第三・第四・第五・第六・第九、宮内庁編、吉川弘文館
『明治文学全集 73 永井荷風集』永井荷風、筑摩書房
『若槻礼次郎自伝 古風庵回顧録』若槻礼次郎、読売新聞社
『わらんべ草』大蔵虎明著、笹野堅校訂、岩波書店

新聞

「朝日新聞」平成十年三月十五日付朝刊、朝日新聞社

「岐阜新聞」平成十一年十月二十三日付朝刊・十月二十三日付夕刊・十月二十四日付朝刊、岐阜新聞社
「東京新聞」平成十四年四月十三日付朝刊・六月十五日付夕刊・十二月二十八日付夕刊、中日新聞社
「能楽タイムズ」昭和三十八年四月号、昭和六十年十二月号、平成十五年六月号、平成三十一年一月号、能楽書林
「毎日新聞」昭和二十九年十一月二十一日付夕刊、平成十八年六月十日付朝刊、毎日新聞社
「やまと新聞」大正四年八月十五日付、やまと新聞松下合資会社

雑誌

「AERA」平成十八年十月九月号、朝日新聞社
「アサヒグラフ」平成十年三月十三日号、朝日新聞社
「キネマ旬報」昭和六十年七月上旬号、キネマ旬報社
「狂言」昭和十二年二月号・六月号、「狂言」発行所
「芸術新潮」昭和三十年六月号、新潮社
「言語」平成十三年十月号、大修館書店
「国語科教育」41巻、全国大学国語教育学会
「週刊朝日」平成十五年五月二十三日号、朝日新聞社

主要参考資料

「新劇」昭和五十四年二月号、白水社
「新建築」昭和五十六年十二月臨時増刊号、新建築社
「テアトロ」昭和四十六年十月号・昭和四十七年九月号・昭和四十八年十一月号・十二月号・昭和五十年九月号・十月号・平成十一年四月号・平成十五年九月号・平成十六年三月号・平成十七年十一月号・平成二十三年八月号・平成二十七年五月号・平成二十九年七月号、カモミール社
「展望」昭和五十二年六月号、筑摩書房
「能」昭和二十二年五月号、能楽協会雑誌部
「能楽」昭和十年四月号、『能楽』発行所
「能楽画報」大正四年九月号、昭和十六年一月号、能楽通信社
「悲劇喜劇」昭和四十七年十月号・昭和四十八年十二月号・昭和五十年十月号・昭和五十三年四月号・平成十四年九月号・平成十九年七月号・平成二十三年九月号・平成二十九年七月号、早川書房
「婦人公論」平成七年一月号、中央公論社
「文学」昭和二十九年五月号、岩波書店
「文藝春秋」平成十五年十二月号、文藝春秋
「宝生」昭和四年十月号〜五年十二月号、宝生発行所
「本の手帖」昭和四十年十月号、昭森社

「ミセス」平成十三年八月号、文化出版局
「謡曲界」昭和十二年一月号、謡曲界発行所
「レプリーク」平成十五年七月号、阪急コミュニケーションズ
「和樂」平成十七年十月号、小学館

パンフレット

「オイディプース王 公演パンフレット」

HPなど

茂山千五郎家HP
首相官邸HP
「人民中国」インターネット版・孫雅甜
「ステージナタリー」平成三十年七月三十一日配信
野村又三郎家HP
「万作の会」HP
山本東次郎家HP

中村雅之　1959(昭和34)年、北海道生まれ。横浜能楽堂芸術監督、明治大学大学院兼任講師。能を中心に幅広く伝統芸能をプロデュース。法政大学大学院修士課程修了。著書に『古典芸能てんこ盛り』等。

Ⓢ新潮新書

944

野村萬斎《のむらまんさい》

なぜ彼《かれ》は一人《ひとり》勝《が》ちなのか

著　者　中村雅之《なかむらまさゆき》

2022年３月20日　発行

発行者　佐　藤　隆　信

発行所　株式会社 新潮社

〒162-8711　東京都新宿区矢来町71番地
編集部(03)3266-5430　読者係(03)3266-5111
https://www.shinchosha.co.jp

装幀　新潮社装幀室

組版　新潮社デジタル編集支援室

印刷所　錦明印刷株式会社

製本所　錦明印刷株式会社

ISBN978-4-10-610944-7 C0274

価格はカバーに表示してあります。

Ⓢ新潮新書

735
女系図でみる驚きの日本史
大塚ひかり

831
女系図でみる日本争乱史
大塚ひかり

900
毒親の日本史
大塚ひかり

732
能
650年続いた仕掛けとは
安田登

932
大坂城
秀吉から現代まで　50の秘話
北川央

平家は滅亡していなかった⁉　かつて女性皇太子がいた⁉　京の都は移民の町だった⁉——胤（たね）よりも、腹（はら）をたどるとみえてきた本当の日本史。

応仁の乱、関ヶ原合戦、戊辰戦争……日本の命運を分けた争乱を「女系図」でみていけば、み～んな身内の相続争いだった！　この1冊で日本史がスッキリ判る。

ヤマトタケルを死地に追いやった父、息子のラブレターを世間にさらした藤原道綱母、用が済んだら子も孫も抹殺した北条氏——親子の愛憎が日本の歴史を動かしてきた！

なぜ六五〇年も続いたのか。義満、信長、秀吉、家康、歴代将軍、さらに、芭蕉や漱石までもが謡い、愛した能。世阿弥の「仕掛け」や偉人に「必要とされた」理由を、現役能楽師が語る。

秀吉は本当はどんな顔だった？　淀殿の恋のお相手は？　秀頼は大坂の陣後も生きていた？　そして最後の将軍・徳川慶喜がここで過ごした日々とは——知られざる歴史秘話満載！